EL ENCHIRIDIÓN

¡De la lección a la acción!

EPICTETO

Adaptado Para El Lector Actual Por Sam Nusselt

∎∎∎

Lista de colaboradores: Epicteto (Epictetus), Elizabeth Carter

Epicteto fue un filósofo griego que vivió del 55 a las 135 d. C. Nació como esclavo en Hierápolis, Frigia (actual Turquía) y más tarde obtuvo su libertad. Las enseñanzas de Epicteto se centraron en el Estoicismo, haciendo hincapié en la importancia de la autodisciplina, la aceptación del destino y la búsqueda de la virtud. Aunque no escribió ninguna de sus enseñanzas, su discípulo Arriano, un senador romano, compiló los "Discursos" y el "Enquiridión" basados en las conferencias de Epicteto. La filosofía de Epicteto tuvo una gran influencia en los filósofos estoicos posteriores y continúa siendo estudiada y respetada hasta el día de hoy.

EL ENCHIRIDION – ¡De la lección a la acción!

Adaptación, Copyright © 2023 Titular del ISBN

Todos los derechos reservados. Ninguna parte de este libro puede ser utilizada o reproducida de ninguna manera sin permiso previo por escrito.

Edición/Versión: 1/13 [Revisada 24 jun. 24]

1. Ética.   2. Estoicos.   3. Vida.

∎ AΩ ∎

Descargo de responsabilidad: Tenga en cuenta que la información contenida en este documento sólo tiene fines educativos y de entretenimiento. Se ha hecho todo lo posible por presentar una información exacta, actualizada, fiable y completa. No se ofrece ningún tipo de garantía expresa o implícita. Los lectores reconocen que el autor no se dedica a prestar asesoramiento jurídico, financiero, médico o profesional. El contenido de este libro se ha investigado a partir de diversas fuentes. Por favor, consulte a un profesional licenciado antes de intentar cualquiera de las técnicas descritas en este libro. Al leer este documento, el lector acepta que bajo ninguna circunstancia el autor puede ser considerado responsable de cualquier pérdida, directa o indirecta, sufrida como resultado del uso de la información contenida en este documento, incluyendo, pero no limitado a, errores, omisiones o inexactitudes. Gracias por su comprensión.

Amplíe sus horizontes literarios y regale el placer de la lectura: Descubra un mundo de libros cautivadores que inspiran, educan y entretienen.

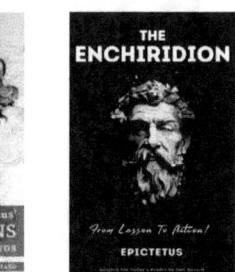

https://www.legendaryeditions.art/

CONTENIDO

CAPÍTULO 1 — ¿QUÉ ESTÁ BAJO NUESTRO CONTROL? 1

Alcanzando la verdadera libertad y felicidad al reconocer y aceptar lo que está bajo nuestro control 1
Encontrar la felicidad al cambiar el enfoque hacia los deseos controlables 4
Apreciando la Esencia de las Cosas y de las Relaciones 5
Utilizando la preparación mental para mantenerse alineado con tus valores fundamentales 6
El poder de los juicios y el crecimiento personales 7
Encontrando el Verdadero Logro: Abrazando la Humildad y Tomando el Control de tus Acciones 8
Dando prioridad a la imagen completa: Navegando por la vida y por el barco....9

CAPÍTULO 2 — CÓMO ACTUAR DE MANERA APROPIADA 13

Aceptando la aceptación: Encontrando tranquilidad en la imprevisibilidad de la vida...13
Superar la enfermedad: El poder de la perseverancia moral....................15
Desarrollando Fortaleza Interior: Resistiendo las Influencias Externas 16
El Concepto de Pérdida y Propiedad 18
Abrazando la tranquilidad mental y dejando atrás las preocupaciones materiales 19
Equilibrando autenticidad y gestión de la impresión 21

CAPÍTULO 3 — DOMINANDO LAS IMPRESIONES 23

El poder de controlar tus deseos y evitar la decepción 23
Enfrentando la vida con gracia y paciencia: El camino hacia la grandeza merecida 24
La Interpretación de la Angustia: Comprendiendo las Reacciones Emocionales 26

El Poder del Dramaturgo: Acepta tu Papel Asignado 27
El Poder de la Percepción en la Interpretación de Señales y Presagios 27
Encontrando la Verdadera Felicidad y Libertad: El Poder de Controlar lo que Puedes 29
Tomando el control de tus emociones: El poder de la percepción 30
Abrazando la Muerte y Cultivando una Mentalidad Positiva 31
Los retos de perseguir la filosofía 32

CAPÍTULO 4 — PREPARACIÓN MENTAL 35

Abrazando la Sabiduría Interior: El Camino para Vivir una Vida con Propósito 35
Viviendo una vida de honor y significado 36
La importancia de gestionar las expectativas y seguir caminos individuales 39
Trátate con Compasión y Entendimiento 40
La Importancia del Mal en el Mundo 41
La vulnerabilidad de tu mente: ¿La estás revelando demasiado fácilmente? 43
Eligiendo tu camino: La importancia de la reflexión y el compromiso 44
Navegando Responsabilidades Sociales: El Poder de las Relaciones y la Autorreflexión 47

CAPÍTULO 5 — ROLES Y DEBERES SOCIALES 49

La importancia de las creencias y la mentalidad en la devoción a los dioses 49
El papel de la adivinación y la razón en la toma de decisiones 51
Desarrollando un carácter fuerte y noble: Pautas para relacionarse con los demás 52
Explorando el Placer: Encontrando Equilibrio y Resistiendo la Tentación 56
Acepta tus creencias y supera el juicio 58
Encontrar el equilibrio entre el autocuidado y el contexto social en la mesa de cena 59
Las consecuencias de asumir roles inalcanzables 60
Protegiendo tu guía interior: Una clave para el bienestar y la navegación segura 61
Proporcionalidad de las Propiedades: Manteniendo el Equilibrio y Evitando el Exceso 63

CAPÍTULO 6 — FORTALEZA MENTAL Y ACCIONES ADECUADAS 67

Potenciando a las mujeres jóvenes: Superando la superficialidad 67
Equilibrio entre el bienestar físico y mental 69

CONTENIDO

Navegando interacciones negativas: Comprendiendo las perspectivas de los demás 71

Enfrentando conflictos con compasión: Cómo manejar situaciones difíciles en la familia 72

Comprendiendo las declaraciones: Más allá de las comparaciones superficiales 74

Entendiendo los motivos: La importancia de evitar el juicio 75

Encarnando principios filosóficos a través de acciones 76

Abrazando la simplicidad: El poder de la discreción en el autocuidado 77

En busca del progreso: Asumiendo responsabilidad y liberándose de influencias externas 78

Encontrando la verdadera comprensión: Más allá de la interpretación y hacia la acción 79

Aceptando principios innegociables y desatendiendo las opiniones de los demás 81

Reclama tu valía y logra progreso: Abraza el auto mejoramiento y vive con propósito 82

Vivir de acuerdo con principios filosóficos 83

El poder de la conexión espiritual y la resiliencia 85

ÍNDICE 87

PREFACIO

Bienvenido al profundo y transformador viaje que te espera en estas páginas.

En este volumen, nos embarcamos en una exploración de la sabiduría atemporal de Epicteto, uno de los filósofos estoicos más influyentes de todos los tiempos. Inspirado en las necesidades y desafíos del lector moderno, esta guía alinea de manera hermosa la antigua filosofía estoica con las complejidades y demandas de nuestro mundo contemporáneo.

Entra en un mundo donde las profundas palabras de Epicteto se presentan hábilmente y se adaptan para resonar con tu alma. Sumérgete en el fascinante reino de los principios estoicos mientras cobran vida a través de un análisis perspicaz y una nueva perspectiva sobre su aplicación en nuestra vida cotidiana.

Basándonos en el conciso e invaluable manual escrito por el propio Epicteto, conocido como el Enquiridión, sentamos las bases para este viaje transformador. Con el máximo cuidado y reverencia, el autor explora los principios esenciales del estoicismo, guiándonos hacia una existencia más significativa y virtuosa.

Explora el poder de la aceptación, de comprender lo que está dentro de nuestro control y lo que no lo está. Adéntrate en la búsqueda del autodominio y en el arte de abrazar la gratitud. A medida que el autor ilumina estos conceptos profundos, nos encontramos con ejemplos realistas y se nos transmiten en un estilo conversacional y accesible que garantiza la asimilación sin problemas de los principios estoicos en nuestra vida diaria.

Sin embargo, esta guía no es simplemente un depósito de conocimientos. Es un llamado a la acción, una invitación a emprender una odisea transformadora de autorreflexión y automejora. Con ejercicios e indicaciones que nos invitan a reflexionar, el autor nos empodera para interiorizar las enseñanzas estoicas, descubrir nuestro verdadero potencial y abrazar una vida de plenitud y tranquilidad.

Mientras viajas a través de estas páginas, no solo encontrarás la sabiduría de los antiguos, sino que descubrirás una brújula para navegar los desafíos de nuestra era moderna con claridad, propósito y gracia.

Bienvenido a la guía definitiva del estoicismo. Que sea tu compañero constante en este notable viaje de autodescubrimiento y transformación personal.

CAPÍTULO 1

— ¿QUÉ ESTÁ BAJO NUESTRO CONTROL?

En este capítulo de apertura, Epicteto establece las bases de la filosofía estoica al enfatizar la importancia de comprender lo que podemos y no podemos controlar. Nos insta a concentrar nuestra energía en nuestros propios pensamientos, decisiones y preferencias, en lugar de dejarnos consumir por factores externos como el dinero, el estatus social y el bienestar físico, que están fuera de nuestro control. Al adoptar esta mentalidad, podemos descubrir una verdadera libertad y paz interior en nuestras vidas.

> Alcanzando la verdadera libertad y felicidad al reconocer y aceptar lo que está bajo nuestro control

1. A veces, tenemos control sobre ciertas cosas en nuestras vidas, mientras que otras están simplemente fuera de nuestro control. Las cosas que podemos controlar incluyen nuestras elecciones, deseos y acciones, esencialmente cualquier cosa que esté dentro de nuestro poder. Por otro lado, las cosas que no podemos controlar son cosas como nuestros cuerpos físicos, nuestras pertenencias, nuestra reputación y nuestra posición en la sociedad, básicamente cualquier cosa en la que no tengamos influencia.

Es importante reconocer que las cosas que podemos controlar son naturalmente ilimitadas y no se ven afectadas por factores externos, mientras que las cosas que no podemos controlar son vulnerables, subordinadas y fácilmente influenciadas por circunstancias externas. Por lo tanto, es crucial entender que, si empezamos a considerar algo inherentemente restrictivo como algo libre, o si reclamamos algo que no es nuestro como propio, solo nos limitaremos, nos sentiremos frustrados, estaremos en un estado constante de descontento y culparemos tanto a los demás como a nosotros mismos.

Sin embargo, si reconocemos solo lo que realmente es nuestro como tal, y lo que no es nuestro como lo que realmente es, entonces nadie podrá obligarnos a hacer algo en contra de nuestra voluntad, nadie nos detendrá, no culparemos ni encontraremos culpa en nadie, no haremos nada en contra de nuestros deseos, no tendremos enemigos personales y nadie podrá hacernos daño porque nada puede realmente dañarnos.

Con estas aspiraciones elevadas en mente, es importante recordar que lograrlas requerirá un esfuerzo significativo de nuestra parte. Es posible que tengamos que abandonar algunas cosas por completo y posponer otras por el momento. Pero si deseamos tanto estas cosas como el éxito material, como la riqueza y el estatus, es posible que no logremos ni siquiera este último, porque también nos enfocamos en lo primero. Y en última instancia, no lograremos alcanzar la verdadera libertad y felicidad que solo se logran a través de la búsqueda de esos objetivos más elevados.

Por lo tanto, desde el principio, haz un hábito de enfrentar cualquier influencia externa negativa, reconociendo que son externas y no realmente lo que parecen. Luego, evalúalas y analízalas utilizando los criterios que has desarrollado, siendo lo más relevante si la situación está dentro de tu control o no. Y si se refiere a algo más allá de tu control, prepárate para responder con la realización de que no te afecta personalmente.

De la lección...

Reconoce lo que puedes y no puedes controlar, y enfoca tus esfuerzos en las cosas que están dentro de tu poder para lograr verdadera libertad y felicidad.

¡A la acción!

(1) Reconoce las cosas que están bajo tu control, como tus elecciones, deseos y acciones.

(2) Comprende que los factores externos no pueden limitar ni tener un impacto en las cosas que tienes bajo control.
(3) Distingue entre lo que realmente es tuyo y lo que no lo es, al mismo tiempo que resistes la tentación de reclamar propiedad sobre cosas que están fuera de tu control.
(4) Evita limitarte considerando cosas restrictivas como libres, o reclamando algo que no es tuyo como propio.
(5) Acepta que las cosas que están fuera de tu control son inherentemente vulnerables y pueden ser fácilmente influenciadas por circunstancias externas.
(6) Evita culpar a otros o a ti mismo por asuntos que están fuera de tu control.
(7) Reconoce lo que verdaderamente te pertenece y lo que no, y no permitas que nadie te obligue a hacer algo en contra de tu voluntad.
(8) No permita que las influencias externas obstaculicen su progreso hacia sus metas personales o lo detengan.
(9) Evita culpar a otros por circunstancias que están fuera de tu control.
(10) Alinea tus acciones con tus deseos y abstente de participar en cualquier cosa que contradiga tus deseos genuinos.
(11) Cultiva una mentalidad que evite crear enemigos personales, ya que hacerlo solo dificulta tu camino hacia la verdadera libertad y felicidad.
(12) Date cuenta de que nada puede hacerte realmente daño si entiendes y aceptas las limitaciones de las cosas que están más allá de tu control.
(13) Comprenda que alcanzar sus aspiraciones requiere un esfuerzo significativo y puede implicar renunciar temporal o completamente a ciertas cosas.
(14) Es importante reconocer que dar igual importancia al crecimiento personal y material podría obstaculizar el logro de ambos objetivos.
(15) Esfuérzate por alcanzar una genuina libertad y felicidad, persiguiendo aspiraciones más elevadas, en lugar de enfocarte únicamente en la riqueza y el estatus social.

(16) Desarrolla el hábito de enfrentar las influencias externas negativas, reconociendo su naturaleza externa y comprendiendo su falta de impacto real en ti.
(17) Evaluar y analizar las influencias externas, considerando si están dentro de tu control o no.
(18) Cuando te enfrentes a circunstancias que están fuera de tu control, es fundamental responder con la comprensión de que no tienen un impacto personal en ti.

Encontrar la felicidad al cambiar el enfoque hacia los deseos controlables

2. Recuerda, la clave para lograr tus deseos es centrarte en lo que quieres mientras evitas lo que no quieres. Si no logras alcanzar lo que deseas, es lamentable, y si terminas experimentando lo que querías evitar, es una desgracia. Sin embargo, esto solo se aplica a cosas que están dentro de tu control. Intentar evitar cosas como enfermedades, la muerte o la pobreza, que están fuera de tu control, solo te llevará a la desgracia. En su lugar, redirige tu aversión hacia cosas que son antinaturales y controlables.

Pero por ahora, deja completamente de lado tus deseos. Si deseas algo que está fuera de tu control, estás destinado a ser infeliz. Además, las cosas que están dentro de tu control y que sería beneficioso desear no son fácilmente alcanzables. Así que, en cambio, concéntrate en tomar decisiones y rechazos, pero hazlo de manera ligera y sin presiones innecesarias sobre ti mismo.

De la lección...

Enfócate en tus deseos y evita lo que no quieres. Sin embargo, este principio solo debe aplicarse a cosas que estén dentro de tu control. Redirige cualquier aversión que puedas sentir hacia cosas que realmente puedas influenciar, en lugar de desperdiciar energía en aspectos incontrolables y antinaturales. Además, es crucial dejar de lado los deseos que están fuera de tu control para evitar la infelicidad y la presión innecesaria.

¡A la acción!

(1) Enfócate en tus deseos y evita aquello que no deseas.

(2) Entiende que no alcanzar los resultados deseados es desafortunado, mientras que experimentar aquello que querías evitar se considera una desgracia.
(3) Reconoce que ciertas cosas, como la enfermedad, la muerte y la pobreza, están fuera de tu control y tratar de evitarlas podría provocar infortunios.
(4) Dirige tu aversión hacia objetos artificiales y controlables.
(5) Deja ir los deseos que están fuera de tu control para evitar la infelicidad.
(6) En lugar de eso, concéntrate en tomar decisiones y ejercer tu poder para decir que no cuando se trata de asuntos que están bajo tu control.
(7) Hazlo con facilidad y sin ponerte presión innecesaria a ti mismo.

Apreciando la Esencia de las Cosas y de las Relaciones

3. A medida que te involucres con cosas que te traen alegría, sirven un propósito o tienen un valor sentimental, tómate un momento para reflexionar sobre su esencia. Comienza incluso con las cosas más pequeñas y pregúntate: "¿Cuál es su verdadera naturaleza?" Por ejemplo, si tienes una taza favorita, reconoce tu afecto por ella, comprendiendo que, si se rompiera, no te afectaría demasiado severamente. De manera similar, cuando demuestras afecto a tu hijo o cónyuge, recuérdate a ti mismo que estás abrazando a otro ser humano, para que, en caso de una tragedia, no estés completamente devastado.

De la lección...

Tómate un momento para reflexionar sobre la verdadera esencia y la naturaleza fugaz de las cosas que consideras queridas. Esto te ayudará a evitar la devastación abrumadora que inevitablemente sigue cuando las pierdes.

¡A la acción!

(1) Tómate un momento para reflexionar sobre la esencia de las cosas que te traen alegría, que cumplen un propósito o que tienen un valor sentimental.
(2) Empieza por examinar incluso las cosas más pequeñas e indaga: "¿Cuál es su verdadera esencia?"

(3) Reconoce tu aprecio por tus elementos favoritos y recuerda que su pérdida no te devastará.
(4) Demuestra cariño a tus seres queridos y recuerda que ellos también son seres humanos.
(5) Para manejar eficazmente posibles tragedias, es crucial prepararse mentalmente y cultivar una perspectiva realista.

Utilizando la preparación mental para mantenerse alineado con tus valores fundamentales

4. Antes de embarcarte en cualquier tarea, tómate un momento para considerar exactamente en qué te estás metiendo. Si planeas ir a nadar, imagina el caos potencial que podría desencadenarse en una piscina pública ocupada: personas salpicándote, chocando accidentalmente contigo o incluso participando en conversaciones negativas o intentando ocupar tu lugar. Al visualizar esta situación, te prepararás mentalmente para abordar la tarea, manteniéndote fiel a tus principios. Aplica este enfoque a cualquier emprendimiento en el que te embarques. De esta manera, si algo interrumpe tus planes en la piscina, podrás superarlo y recordarte a ti mismo que tu objetivo no solo era nadar, sino también mantener tus valores fundamentales. Volverse excesivamente agitado por la situación, no te ayudará a lograr eso.

De la lección...

Al emprender cualquier tarea, es importante considerar los posibles obstáculos e interrupciones que puedan surgir en tu camino. Al prepararte mentalmente y mantener el enfoque en tus valores fundamentales, puedes evitar frustraciones innecesarias y mantener tu trayectoria hacia tus objetivos.

¡A la acción!

(1) Antes de sumergirte, tómate un momento para considerar la tarea que tienes por delante.
(2) Imagina los posibles desafíos o interrupciones que puedan ocurrir durante la tarea.
(3) Psicológicamente, prepárate para asumir la tarea, manteniéndote fiel a tus principios.
(4) Aplica este enfoque a cualquier proyecto o tarea que emprendas.

(5) Recuerde que su objetivo no es solo completar la tarea en cuestión, sino también mantenerse alineado/a con sus valores fundamentales.
(6) No permitas que cualquier interrupción o desafío que pueda surgir te moleste; en cambio, elige ignorarlos y evita alterarte por ellos.
(7) Mantente enfocado en alcanzar tus objetivos y en mantener tu integridad en lugar de enredarte en factores externos.

El poder de los juicios y el crecimiento personales

5. No son las cosas en sí mismas las que molestan a la gente, sino más bien sus opiniones sobre esas cosas. Tomemos como ejemplo la muerte: no es inherentemente aterradora; de lo contrario, Sócrates también así lo habría pensado. Lo que resulta aterrador es la creencia de que la muerte es algo a temer. Por lo tanto, cuando enfrentemos obstáculos, interrupciones o tristeza, no señalemos con el dedo a los demás. En cambio, asumamos la responsabilidad de nuestros propios juicios. Culpar a los demás por nuestros problemas es algo que hace una persona ignorante. Reconocer nuestras propias faltas es una señal de que estamos aprendiendo y creciendo. Sin embargo, la verdadera marca de alguien con conocimiento verdadero ni culpa a los demás ni se culpa a sí mismo.

De la lección...

Asume la responsabilidad de tus propios juicios, reconoce tus propias fallas y abstente de culpar a otros o a ti mismo por un conocimiento genuino y un crecimiento personal.

¡A la acción!

(1) Tómate un momento para reflexionar sobre tus propias opiniones y creencias acerca de ciertos temas que puedan perturbarte, como la muerte.
(2) Desafía la creencia de que la muerte es inherentemente aterradora y examina si nuestro propio juicio está causando miedo.
(3) En lugar de echarle la culpa a los demás, debemos aceptar la responsabilidad de nuestros propios juicios al enfrentar obstáculos, interrupciones o sentimientos de tristeza.

CAPÍTULO 1 — ¿QUÉ ESTÁ BAJO NUESTRO CONTROL?

(4) Reconoce que culpar a los demás por nuestros problemas es un comportamiento ignorante y trata de evitar involucrarte en esto.
(5) Reconocer nuestras propias faltas y errores es una verdadera señal de crecimiento personal y una oportunidad para aprender.
(6) Esforzarnos por no asignar culpa ni a los demás ni a nosotros mismos, es una indicación de sabiduría genuina y comprensión.

Encontrando el Verdadero Logro: Abrazando la Humildad y Tomando el Control de tus Acciones

6. No te vuelvas demasiado orgulloso de los logros que no son verdaderamente tuyos. Es una cosa que un caballo se sienta orgulloso y afirme "soy hermoso", pero cuando empiezas a jactarte de poseer un caballo hermoso, simplemente te estás enorgulleciendo de algo bueno que pertenece al caballo, no a ti mismo. Entonces, ¿qué tienes realmente bajo control? Cómo manejas las circunstancias que se presentan en tu camino. Cuando eres capaz de enfrentar los altibajos de la vida de una manera que se alinea con tus valores, entonces puedes sentirte orgulloso. Ese es el momento en el que realmente puedes atribuirte algo positivo en tu vida y experimentar una sensación de logro.

De la lección...

No reclames crédito por logros que no sean tuyos; en su lugar, concéntrate en cómo enfrentas los desafíos de la vida para experimentar realmente una sensación de logro.

¡A la acción!

(1) Reflexiona sobre tus propios logros y otorga crédito donde sea debido. Solo reclama crédito por los logros en los que hayas contribuido personalmente o hayas desempeñado un papel significativo.
(2) Practica la humildad al reconocer y apreciar los logros de los demás. Evita robar su crédito o intentar atribuirte el reconocimiento por su arduo trabajo.
(3) En lugar de buscar validación externa a través de reclamar crédito, cambia tu enfoque hacia el crecimiento personal y la superación de desafíos. Acepta el proceso de auto mejoramiento y encuentra satisfacción en tus propios logros personales.

(4) Desarrolle una mentalidad de resistencia y determinación al enfrentarse a los desafíos de la vida. En lugar de evitar o alejarse de situaciones difíciles, búsquelas activamente como oportunidades de crecimiento.

(5) Celebra genuinamente los éxitos y logros de los demás, ofreciendo apoyo, ánimo y reconocimiento a aquellos que lo merecen, y fomentando un ambiente positivo y colaborativo.

(6) Cultiva la conciencia de tus propias limitaciones y áreas de mejora. Enfócate en el autodesarrollo y en el aprendizaje continuo para mejorar tus habilidades y aumentar tus posibilidades de alcanzar auténticos éxitos.

(7) Explora nuevas rutas para el crecimiento personal y desarrolla habilidades y talentos nuevos. Acepta desafíos fuera de tu zona de confort, lo que te permitirá experimentar un crecimiento personal y una sensación genuina de logro.

(8) Fomenta una mentalidad de integridad y honestidad. Cuando te enfrentes a la tentación de reclamar crédito injustamente o exagerar tus logros, elige el camino de la autenticidad y la veracidad.

(9) Busca comentarios y críticas constructivas de los demás. Aprovecha las oportunidades de aprendizaje y crecimiento, buscando activamente la opinión de mentores, compañeros o expertos en tu campo.

(10) Celebra y reconoce los logros de tu equipo o colaboradores, reconociendo que los logros colectivos a menudo implican las contribuciones y esfuerzos de varias personas. Asegúrate de compartir el mérito adecuadamente.

Dando prioridad a la imagen completa: Navegando por la vida y por el barco

7. Imagina que estás en un viaje y tu barco ha echado anclas. Decides ir a tierra para conseguir agua fresca. En el camino, te encuentras con una pequeña criatura marina o un diminuto bulbo de planta que llama tu atención. Pero aquí está la cosa: no puedes quedarte atrapado explorando demasiado, porque necesitas mantener el enfoque en el barco. Después de todo, el capitán podría llamarte en cualquier momento, y si lo hacen, debes dejarlo todo y correr de

vuelta al barco. Créeme, no quieres acabar atado y arrojado a bordo como una oveja indefensa.

Este escenario también se aplica a la vida misma. Digamos que, en lugar de una criatura marina o un bulbo de planta, tienes una pequeña familia, una pareja amorosa y un hijo. Eso es maravilloso, sin duda. Pero recuerda, si el capitán llama, debes estar listo para dejarlo todo y volver apresuradamente al barco. Ni siquiera pienses en mirar atrás; solo corre lo más rápido que puedas.

Ahora, si eres una persona mayor, es aún más importante mantenerse cerca del barco. No quieres alejarte demasiado porque si el capitán llama, definitivamente no querrás perdértelo. Así que mantente cerca, por si acaso.

En conclusión, ya sea que estés en un barco o navegando en la vida, es crucial priorizar lo que realmente importa. Disfruta de las pequeñas cosas en el camino, pero siempre mantén la vista en el panorama general y estate listo para responder cuando te llamen.

De la lección...

Prioriza lo que realmente importa, aprecia las cosas triviales, pero siempre estate preparado para actuar cuando la situación requiera tu atención en el panorama general.

¡A la acción!

(1) Mantente enfocado en tu objetivo principal, ya sea obtener agua fresca en el viaje o cumplir con tus responsabilidades en la vida. Siempre ten en mente tu meta principal.

(2) Evita quedar atrapado en distracciones: Si bien es tentador explorar y descubrir cosas nuevas, recuerda priorizar tus obligaciones y no enfrascarte demasiado en simples distracciones.

(3) Estar receptivo a las llamadas de acción: tanto en el viaje como en la vida, debes estar preparado para responder de manera rápida cuando el deber te llame. No procrastines ni retrases atender tareas o responsabilidades importantes.

(4) No te quedes estancado en el pasado. Cuando el capitán te llame, ya sea para enfrentar un peligro significativo o una situación crucial, prepárate para soltar cualquier cosa que aprecies y avanzar sin vacilación alguna.

(5) Mantente conectado y al alcance: si eres mayor, asegúrate de mantenerte accesible y cerca de tus responsabilidades. Permanece comprometido y disponible para que no te pierdas eventos importantes o llamados a la acción.

(6) Prioriza lo que realmente importa: Si bien es importante disfrutar de las pequeñas cosas en el camino, siempre ten en mente la imagen más grande. Prioriza lo que realmente importa para alcanzar tus metas y cumplir con tus responsabilidades.

CAPÍTULO 2

— CÓMO ACTUAR DE MANERA APROPIADA

Epicteto comparte una valiosa sabiduría estoica sobre cómo vivir una vida virtuosa en diversas situaciones. Él enfatiza la importancia de cumplir con nuestras responsabilidades, mostrar amabilidad hacia los demás y manejar eficazmente los desafíos y momentos difíciles. Epicteto destaca el papel que nuestros deseos y aversiones juegan en la formación de nuestras acciones, instándonos a mantener una mentalidad serena tanto en el éxito como en la decepción.

Al adherirnos a estas enseñanzas, podemos navegar por la vida con un sentido de propósito y decencia, teniendo un impacto positivo en nosotros mismos y en quienes nos rodean. Entonces, adentrémonos en la exploración de cómo podemos aplicar estos principios atemporales a nuestras vidas modernas.

> Aceptando la aceptación: Encontrando tranquilidad en la imprevisibilidad de la vida

8. No siempre esperes que todo salga exactamente como lo quieres. En cambio, acepta que las cosas sucederán como lo hagan y encuentra paz en eso. Cuando adoptes esta mentalidad, tu vida se volverá más tranquila y serena.

CAPÍTULO 2 — CÓMO ACTUAR DE MANERA APROPIADA

De la lección...

Acepta la incertidumbre y encuentra satisfacción en la imprevisibilidad natural de la vida.

¡A la acción!

(1) Practica la aceptación: Reconoce que no todo saldrá según tus planes y expectativas. En lugar de resistirte o frustrarte, elige aceptar la realidad de la situación.

(2) Deja ir el control: comprende que no puedes controlar cada aspecto de la vida. Aprende a rendirte ante el flujo de los acontecimientos y confía en que las cosas se resolverán a su manera.

(3) Cultiva una mentalidad pacífica centrándote en encontrar la paz interior y la tranquilidad. Involúcrate en actividades como la meditación, la atención plena o el yoga para ayudar a calmar la mente y reducir el estrés.

(4) Acepta la incertidumbre: acepta lo desconocido y la imprevisibilidad de la vida. En lugar de temerla, considérala como una oportunidad para el crecimiento personal y nuevas experiencias.

(5) Cambia tu perspectiva: Adopta una visión más positiva y flexible de la vida. En lugar de estar enfocado en lo que salió mal o en lo que no conseguiste, concéntrate en el momento presente y encuentra gratitud por lo que sí tienes.

(6) Practica soltar los apegos: Evita apegarte demasiado a resultados o deseos específicos. En lugar de eso, despreocúpate de la necesidad de que las cosas vayan de una cierta manera y encuentra contentamiento en el momento presente.

(7) Adaptarse y ajustarse: Cuando las cosas no van según lo planeado, es crucial ser adaptable y estar abierto al cambio. En lugar de quedarse atrapado en la resistencia, busca activamente soluciones alternativas o formas de navegar a través de los desafíos.

(8) Busca apoyo: Rodéate de una comunidad solidaria o busca la guía de un mentor o terapeuta que pueda ayudarte a enfrentar momentos difíciles y adoptar una mentalidad más comprensiva.

(9) Practica el autocuidado: Cuídate a ti mismo/a física, mental y emocionalmente. Participa en actividades que te brinden alegría y recarguen tu energía, ayudándote a enfrentar de mejor manera las dificultades inevitables de la vida.

(10) Enfoque en el crecimiento personal: Utiliza los contratiempos o eventos inesperados como oportunidades para el crecimiento y la mejora personales. Acepta las lecciones aprendidas de cualquier situación y úsalas para convertirte en una persona más fuerte y sabia.

Superar la enfermedad: El poder de la perseverancia moral

9. La enfermedad puede frenar nuestros cuerpos, pero no tiene por qué afectar nuestra moral, a menos que le permitamos hacerlo. No poder caminar correctamente puede dificultar nuestra movilidad, pero no tiene por qué dificultar nuestra brújula moral. Recuerda esto cada vez que la adversidad golpee, porque te darás cuenta de que, aunque pueda obstaculizar un aspecto de tu vida, no tiene por qué obstaculizar tu verdadero yo.

De la lección...

No permitas que la enfermedad o la adversidad obstaculicen tu brújula moral o tu verdadera esencia.

¡A la acción!

(1) Tómese un momento para reflexionar sobre sus valores personales y su brújula moral. Dedique tiempo a contemplar lo que tiene un profundo significado para usted y los principios fundamentales a los que se esfuerza por vivir. Participar en este proceso de autorreflexión le ayudará a fortalecer su brújula moral.

(2) Separa la enfermedad del carácter: comprende que estar enfermo no define tu carácter o quién eres como persona. Tu verdadero yo no está determinado por tu condición física.

(3) Practica la resistencia y la determinación: A pesar de cualquier contratiempo o limitación física causada por la enfermedad, comprométete a mantener tus valores morales y a actuar de acuerdo con ellos. Cultiva la resiliencia para superar cualquier obstáculo que pueda surgir.

(4) Busca apoyo e inspiración: Rodéate de influencias positivas y busca el apoyo de amigos, familiares o un grupo de apoyo. Ellos pueden animarte e inspirarte a mantener tus valores, incluso durante momentos difíciles.

(5) Mantén una mentalidad positiva: concéntrate en los aspectos de tu vida que no se ven afectados por la enfermedad y adopta una

perspectiva optimista. Recuerda que tu brújula moral puede guiarte a través de cualquier dificultad que puedas enfrentar.

(6) Adapta tus acciones, no tus principios morales. Si bien las habilidades físicas pueden cambiar debido a una enfermedad, es crucial asegurarse de que tus acciones y elecciones sigan alineadas con tus principios morales. Busca formas alternativas de expresar tus valores y contribuir de manera positiva al mundo.

(7) Aceptar el autocuidado es crucial. Al cuidar tanto tu bienestar físico como mental, mejorarás tu capacidad para mantener tus principios frente a los desafíos que pueda traer la enfermedad. Prioriza participar en actividades de autocuidado que rejuvenezcan y fortalezcan tu mente, cuerpo y espíritu.

(8) Educa a otros sobre tu condición: Al compartir tus experiencias con otras personas, puedes mejorar su comprensión y empatía hacia aquellos que enfrentan desafíos similares. Esto, a su vez, puede crear un entorno más inclusivo y de apoyo para todos.

(9) Inspirar y abogar por los demás: Utiliza tu propia experiencia para inspirar y capacitar a aquellos que puedan estar luchando contra una enfermedad o enfrentando difíciles situaciones. Aboga por la igualdad y la accesibilidad para las personas con discapacidades o condiciones de salud.

(10) Encuentra propósito y significado: Descubre cómo tus experiencias con la enfermedad pueden dar forma a tu propósito en la vida. Utiliza esta nueva claridad para vivir en armonía con tus valores y generar un impacto positivo en tu comunidad y en la sociedad.

Desarrollando Fortaleza Interior: Resistiendo las Influencias Externas

10. Cuando te enfrentes a cualquier situación, siempre tómate un momento para reflexionar sobre tus propias habilidades para manejarla. Por ejemplo, si te encuentras con una persona atractiva, es crucial practicar el autocontrol. Cuando te enfrentes a tareas difíciles, es importante enfocarte en desarrollar tu resistencia. Y cuando alguien te insulte, es esencial cultivar la habilidad de mantener la paciencia y no dejar que sus palabras te afecten. Al entrenarte de esta manera, no te dejarás influenciar fácilmente por influencias externas.

CAPÍTULO 2 — CÓMO ACTUAR DE MANERA APROPIADA

De la lección...

Tómate un momento para reflexionar sobre tus habilidades, practicar el autocontrol y desarrollar resistencia. Cultiva la paciencia y, sobre todo, no permitas que las palabras de los demás te afecten. Al adoptar estos principios, permanecerás fuerte e inafectado por las influencias externas.

¡A la acción!

(1) Tómate un momento para reflexionar sobre tus propias habilidades cada vez que te enfrentes a cualquier situación.

(2) Cuando te encuentres en presencia de una persona atractiva, es importante ejercer autocontrol.

(3) Enfócate en desarrollar tu resistencia cuando te enfrentes a tareas desafiantes.

(4) En la vida, a menudo nos enfrentamos a tareas difíciles y exigentes. Estas tareas pueden poner a prueba nuestra paciencia y resistencia. En lugar de sentirnos abrumados, es importante que nos enfoquemos en desarrollar nuestra resistencia.

(5) La resistencia es la capacidad de persistir y mantener nuestro esfuerzo durante un período prolongado de tiempo, incluso cuando nos enfrentamos a obstáculos. Al concentrarnos en la resistencia, podemos mejorar nuestra capacidad para manejar tareas difíciles y alcanzar el éxito.

(6) Hay varias formas de desarrollar resistencia. Un método efectivo consiste en descomponer la tarea en pasos más pequeños y manejables. Esto nos permite abordar la tarea gradualmente, construyendo nuestra resistencia en el proceso. Al establecer metas alcanzables y trabajar constantemente hacia ellas, podemos aumentar nuestra resistencia de forma gradual y superar los desafíos.

(7) Otra forma de desarrollar resistencia es a través de la práctica y la repetición. Al igual que los atletas entrenan sus cuerpos para rendir al máximo, nosotros podemos entrenar nuestras mentes para superar dificultades. Al enfrentar y conquistar repetidamente tareas desafiantes, nos habituamos más a la adversidad y desarrollamos la resistencia mental necesaria para tener éxito.

(8) Además, mantener una actitud positiva y creer en nosotros mismos puede tener un gran impacto en nuestra resistencia. Cuando

nos enfrentamos a tareas difíciles, es fácil sentirnos desanimados o dudar de nuestras habilidades. Sin embargo, al mantener una mentalidad positiva y recordar nuestros éxitos pasados, podemos cultivar la fuerza mental necesaria para superar los obstáculos.

(9) En conclusión, desarrollar resistencia es crucial para poder enfrentar y superar tareas difíciles. Al dividir las tareas en pasos más pequeños, practicar la resiliencia y mantener una actitud positiva, podemos construir nuestra resistencia y superar cualquier desafío que se nos presente en nuestro camino.

(10) Cultiva la capacidad de mantener la paciencia cuando alguien te insulta.

(11) No dejes que las palabras de los demás te afecten.

(12) Entrenarse para volverse menos fácilmente influenciado por las influencias externas.

El Concepto de Pérdida y Propiedad

11. Nunca digas que has perdido algo, sino simplemente que lo has devuelto. ¿Tu hijo falleció? Ha sido devuelto. ¿Tu cónyuge falleció? Ha sido devuelto. "Me quitaron mi granja". Está bien, incluso eso ha sido devuelto. "¡Pero fue un sinvergüenza quien la tomó!" Pero ¿por qué te importa quién fue el Dador que la tomó de vuelta? Mientras te lo dé, cuídalo como si no fuera tuyo, al igual que los viajeros tratan su alojamiento temporal.

De la lección...

Acepta las pérdidas en la vida como regalos del Dador y aprécialas, tratando con cuidado lo que se te da, como si fuera solo temporal.

¡A la acción!

(1) Entiende la pérdida como una forma de retribuir: cambia tu forma de pensar cuando sufres una pérdida y reconoce que has sido abandonado. Al hacerlo, puede cultivar una perspectiva más positiva hacia las circunstancias desafiantes.

(2) Aceptación de la pérdida: Comprender que la pérdida es parte de la vida y aceptar la realidad de perder seres queridos o posesiones. Al reconocer esto, podrás iniciar el proceso de sanación y avanzar.

(3) Deja ir los apegos: Reconoce que todo en la vida es temporal y aferrarse a los apegos puede causar sufrimiento innecesario. En

cambio, practica el desapego, tratando todo como algo temporal y sin que pertenezca completamente a ti.

(4) En lugar de lamentarte por lo que has perdido, cambia tu enfoque a apreciar y cuidar lo que tienes actualmente. Este cambio de perspectiva puede cultivar gratitud y satisfacción en tu vida.

(5) No te detengas en quién causó la pérdida. En lugar de obsesionarte con la persona responsable de tu pérdida, deja de lado el resentimiento y enfócate en el hecho de que la pérdida te ha sido devuelta. Dirigir tu energía hacia la ira o la culpa solo obstaculizará tu capacidad para avanzar.

(6) Acepta la impermanencia: comprende y acepta la naturaleza transitoria de la vida, de las relaciones y de las posesiones. Esta mentalidad puede conducir a una mayor resiliencia y adaptabilidad al enfrentar pérdidas.

(7) Trata con cuidado lo que tienes: al igual que los viajeros cuidan su alojamiento temporal, debes cuidar lo que tienes como si no fuese verdaderamente tuyo. Cultiva un sentido de responsabilidad y aprecio por el momento presente.

(8) Practica el desapego: evita volverte excesivamente apegado a posesiones, relaciones o circunstancias. En lugar de eso, cultiva una actitud de desapego que te permita navegar a través de los cambios de la vida con gracia y ecuanimidad.

(9) Reflexiona sobre la fuente de los regalos: Considera la idea de que todo, ya sea lo que recibimos o lo que damos, tiene su origen en un poder superior o en el universo. Tómate un momento para contemplar esta fuente y tener fe en su gran plan para tu vida.

(10) Encuentra paz al rendirte: Acepta que la pérdida es parte del viaje de la vida y descubre la tranquilidad al someterte al flujo natural de la vida. Esta aceptación puede cultivar la paz interior y un profundo sentido de libertad.

> **Abrazando la tranquilidad mental y dejando atrás las preocupaciones materiales**

12. Si quieres progresar, olvídate de razonar de esta manera: "Si descuido mis responsabilidades, no tendré dinero para vivir." "Si no castigo a mis empleados, se volverán indisciplinados." Es mejor

enfrentar el hambre libre de tristeza y miedo que tener abundancia de cosas materiales, pero estar constantemente preocupado. Además, es mejor que estés infeliz que tus empleados se comporten mal. Así que comienza con las cosas pequeñas. Si algo de tu aceite se derrama o tu vino es robado, recuerda: "Este es el precio que se paga por una mente tranquila y serenidad." Recuerda, nada viene sin un costo. Cuando llames a tus empleados, ten en cuenta que es posible que no te escuchen, e incluso si lo hacen, es posible que no hagan lo que deseas. Sin embargo, sus acciones no deben determinar tu paz mental.

De la lección...

Enfócate en encontrar la paz interior y la tranquilidad, en lugar de ser consumido por posesiones materiales o las acciones de los demás.

¡A la acción!

(1) Cambia tu forma de pensar y dale mayor importancia a cultivar la paz interior y la tranquilidad, en lugar de enfocarte exclusivamente en posesiones materiales y circunstancias externas.

(2) Empieza abordando pequeños desafíos e inconvenientes con una mentalidad positiva, recordándote a ti mismo que son costos necesarios para mantener una mente tranquila.

(3) Ajusta tus expectativas cuando se trata del comportamiento y las acciones de tus empleados. Comprende que no puedes controlarlos y sus acciones no deberían perturbar tu paz mental.

(4) Enfócate en tus propias acciones y reacciones en lugar de intentar controlar las acciones de los demás.

(5) Acepta la idea de que es mejor que tus empleados se comporten mal o sean indisciplinados a que tú estés infeliz. Prioriza tu propia felicidad y bienestar.

(6) Cuando te enfrentes a la negligencia de responsabilidades, recuérdale a ti mismo que es preferible experimentar hambre mientras te sientes libre de pena y miedo, en lugar de poseer una abundancia de cosas materiales, pero estar constantemente preocupado.

(7) Acepta que el progreso no siempre será fácil ni estará exento de sacrificios, pero la búsqueda de paz interior y tranquilidad vale totalmente la pena.

(8) Recuerda que nada viene sin un costo, y a veces ese costo puede incluir contratiempos o pérdidas menores.

(9) Practica el desapego de las circunstancias externas y concéntrate en cultivar una mente tranquila, sin importar la situación.

(10) Comprende que no puedes controlarlo todo, y tratar de hacerlo solo creará estrés y desdicha innecesarios. En cambio, prioriza encontrar la paz dentro de ti mismo.

Equilibrando autenticidad y gestión de la impresión

13. Si quieres progresar en la vida, debes estar dispuesto a parecer tonto o desorientado en la superficie. No te preocupes por impresionar a los demás con tus conocimientos. Incluso si las personas te consideran importante, mantente humilde. Es importante entender que mantenerse fiel a tus valores mientras te preocupas por las opiniones de los demás no es una tarea fácil. Es como hacer malabares, y si te enfocas únicamente en un aspecto, inevitablemente descuidarás el otro.

De la lección...

Es crucial priorizar mantenerse fiel a tus valores en lugar de preocuparte por las opiniones de los demás.

¡A la acción!

(1) Acepta ser tonto o ignorante; en lugar de temer hacer preguntas o admitir cuando no sabes algo, busca activamente oportunidades para aprender y crecer. Acepta el concepto de que está perfectamente bien no tener todas las respuestas y estar receptivo a nuevas perspectivas y conocimientos.

(2) En lugar de intentar constantemente impresionar a los demás, cambia tu enfoque hacia el crecimiento personal: dirige tu atención hacia el desarrollo personal y la mejora. Establece metas para ti mismo y trabaja con dedicación para alcanzarlas, sin importar las opiniones de los demás.

(3) Practica la humildad: incluso si los demás te perciben como importante o conocedor/a, esfuérzate por mantener la humildad y la tranquilidad. Reconoce que a menudo hay más que aprender y que nadie es perfecto. Evite estar demasiado seguro de sí mismo y, en

cambio, esté abierto a recibir comentarios y trabajar para mejorar como persona.

(4) Mantente fiel a tus valores: identifica tus valores y creencias fundamentales y dales prioridad en la toma de decisiones y acciones. No comprometa sus principios o valores para complacer a los demás u obtener su aprobación.

(5) Encuentra el equilibrio: Reconoce que existe un delicado equilibrio entre ser fiel a ti mismo y considerar las opiniones de los demás. Esfuérzate por encontrar el equilibrio que te permita mantener tu autenticidad, al mismo tiempo que también tengas en cuenta el posible impacto que tus acciones y decisiones puedan tener en los demás.

(6) Priorice la autoconciencia: Refleje regularmente sobre sus pensamientos, acciones y motivos. Esta autoconciencia le ayudará a encontrar un equilibrio entre mantenerse fiel a sus valores y preocuparse por las opiniones de los demás. Comprenda por qué toma ciertas decisiones y evalúe si se alinean con sus valores.

(7) Mantente abierto a diferentes perspectivas: participa en conversaciones y debates con personas que puedan tener puntos de vista o conocimientos diferentes. Esto te ayudará a ampliar tu comprensión y desafiar tus propias creencias, manteniendo una mente abierta. Evita volverte inflexible en tu pensamiento.

(8) Enfócate en tu progreso y crecimiento personal. En lugar de buscar validación o aprobación de otros, prioriza tu propio progreso y desarrollo. Establece metas, lleva un registro de tus logros y celebra tus éxitos, independientemente del reconocimiento externo.

(9) Acepta y aprende del fracaso: Entiende que el fracaso es una parte natural del proceso de aprendizaje y crecimiento. Acéptalo como una oportunidad para adquirir experiencias e ideas valiosas. Sé resiliente y tómate el tiempo para aprender de tus errores, en lugar de obsesionarte con ellos o buscar validación de los demás.

(10) Rodéate de personas que te apoyen: busca una red de amigos, mentores o colegas que respalden tu crecimiento y tus valores. El rodearte de personas afines que te animen e inspiren puede facilitar el mantenerte fiel a ti mismo/a al mismo tiempo que consideras las opiniones de los demás.

CAPÍTULO 3

— DOMINANDO LAS IMPRESIONES

Según Epicteto, no son los eventos reales los que nos preocupan, sino más bien cómo percibimos y evaluamos esos eventos. Sugiere que debemos examinar cuidadosamente nuestras impresiones iniciales de lo que está ocurriendo, abstenernos de categorizar las cosas como buenas o malas y esforzarnos por regular nuestras respuestas emocionales. Al hacer esto, podemos mejorar nuestra capacidad para gestionar nuestros pensamientos y emociones.

El poder de controlar tus deseos y evitar la decepción

14. Si deseas que tus hijos, esposa y amigos vivan para siempre, bueno, eso puede parecer un poco absurdo. Básicamente, estás deseando algo que está fuera de tu control e intentando poseer lo que no te pertenece legítimamente. De manera similar, si albergas la esperanza de que tu esclavo encarne la perfección y esté libre de cualquier defecto, estás siendo necio. En pocas palabras, estás intentando redefinir el vicio como algo distinto al vicio.

Sin embargo, aquí está la parte importante: si quieres evitar la decepción y alcanzar tus deseos, eso está completamente dentro de tu poder. Así que concéntrate en lo que puedes controlar. La persona que tiene autoridad sobre lo que deseas o no deseas se convierte en tu amo. Si realmente buscas la libertad, abstente de desear o evitar cualquier cosa que esté bajo el control de otra persona. De lo contrario, estás destinado a convertirte en un esclavo.

CAPÍTULO 3 — DOMINANDO LAS IMPRESIONES

> **De la lección...**
>
> Enfócate en lo que puedes controlar y evita desear cosas que están fuera de tu control. No te limites persiguiendo cosas que están bajo la autoridad de alguien más.

> **¡A la acción!**

(1) Enfócate en lo que puedes controlar: en lugar de desear cosas que están fuera de tu control, concéntrate en las acciones y decisiones sobre las cuales tienes poder.

(2) Evite desear la inmortalidad para sus seres queridos. Reconozca que es irrealista e inútil desear una vida eterna para los demás. Comprenda que la mortalidad es una parte natural de la vida.

(3) No trates de poseer lo que no te pertenece. Acepta que no puedes controlar ni poseer la vida de tus hijos, cónyuge o amigos. Respeta su autonomía e individualidad.

(4) Evita tener expectativas irrealistas: no esperes perfección o impecabilidad de los demás, como si fueran esclavos. Comprende que todos tienen defectos e imperfecciones.

(5) Define el vicio como vicio. No intentes redefinir o justificar los vicios o comportamientos negativos como algo diferente a su verdadera naturaleza. Reconoce y aborda los vicios por lo que realmente son.

(6) Evita desear o evitar cosas que estén bajo el control de otra persona. Lucha por la verdadera libertad, no anhelando ni evitando cosas que dependen de la autoridad o las decisiones de alguien más.

(7) Asume la responsabilidad de tus propios deseos y acciones. Reconoce que tienes el poder de dar forma tanto a tus deseos como a tus acciones. Dirige tu enfoque y tus esfuerzos hacia la consecución de tus metas personales.

(8) Acepta que la decepción es parte de la vida. Comprende que podrías enfrentar decepciones, pero al enfocarte en lo que puedes controlar, puedes minimizar la posibilidad de decepción.

Enfrentando la vida con gracia y paciencia: El camino hacia la grandeza merecida

15. Recuerda acercarte a la vida como lo harías en una elegante cena. Cuando algo se presente en tu camino, participa en ello con

gracia. No te aferres a ello por demasiado tiempo; déjalo pasar. Si algo aún no ha llegado a ti, no lo fuerces. Solo espera hasta que esté justo frente a ti. Esta mentalidad debería extenderse a cómo tratas a los niños, a tu cónyuge, a tu trabajo y a tus finanzas. Al vivir de esta manera, eventualmente merecerás las increíbles oportunidades que la vida tiene para ofrecer. Sin embargo, si rechazas estas oportunidades presentadas y las menosprecias, no solo te perderás las cosas buenas de la vida, sino que también te perderás el poder y la influencia que vienen con ellas. Simplemente mira a figuras históricas como Diógenes y Heráclito, entre otros, quienes fueron venerados por encarnar esta filosofía.

De la lección...

Aborda la vida con gracia y permite que las oportunidades fluyan a través de ti, reconociendo su valía y acogiéndolas de todo corazón.

¡A la acción!

(1) Aprovecha las oportunidades: cuando algo se presente en tu camino, acéptalo con gratitud y tómalo en tus manos. Evita aferrarte a ello por mucho tiempo y, en su lugar, permítele seguir adelante.

(2) La paciencia es clave. Si algo aún no ha llegado a ti, no hay necesidad de forzarlo. Solo espera hasta que se presente justo frente a ti. Es importante practicar la paciencia en diversos aspectos de la vida.

(3) Trata a los demás con gracia y aplica el mismo enfoque de amabilidad y aceptación al interactuar con niños, tu cónyuge, colegas e incluso desconocidos. Trata a todos con amabilidad y respeto.

(4) Valora tu trabajo: Enfrenta tu trabajo con la misma mentalidad. Aprovecha las oportunidades que se presenten y mantente abierto a nuevas experiencias y desafíos. No rechaces ni ignores oportunidades profesionales que se crucen en tu camino.

(5) Administra tus finanzas: Trata tu dinero con la misma elegancia con la que lo harías en una cena refinada. Sé sabio en tus decisiones financieras, evitando acumular o aferrarte de manera excesiva al dinero. En cambio, úsalo de forma inteligente y déjalo fluir.

(6) Acepta las cosas buenas de la vida. Al abordar la vida con una mentalidad amable y aceptadora, aumentas la probabilidad de experimentar las maravillosas cosas que la vida tiene para ofrecer. Aprovecha estas oportunidades y apréciadas plenamente.

(7) Para evitar el rechazo y el juicio, es importante mantener la mente abierta, en lugar de rechazar oportunidades o menospreciarlas. En su lugar, intenta reconocer su potencial. Al evitar el juicio y aceptar nuevas experiencias y oportunidades, abrazando el poder e influencia que conllevan, realmente puedes aprovechar al máximo.

(8) Aprende de figuras inspiradoras como Diógenes y Heráclito, quienes eran considerados divinos debido a la forma en que abrazaban la vida. Observa ejemplos históricos y extrae lecciones de sus experiencias, para luego aplicar sus enseñanzas a tu propia vida.

(9) Cultiva un sentido de merecimiento al adoptar la actitud de aceptar y dejar pasar las oportunidades con gracia. A través de practicar la gratitud, el auto mejoramiento y la integridad, puedes merecerte las cosas increíbles que la vida tiene para ofrecer.

La Interpretación de la Angustia: Comprendiendo las Reacciones Emocionales

16. Cuando te encuentres con alguien llorando, ya sea por el viaje de su hijo o por haber perdido sus pertenencias, ten cuidado de suponer que están enfrentando desgracias externas. En su lugar, recuerda que no son solo los eventos los que causan angustia en esta persona, ya que pueden no angustiar a otra persona necesariamente, sino más bien su interpretación de esos eventos. Sin embargo, no dudes en ofrecer palabras de simpatía o incluso llorar junto a ellos si la situación lo requiere, pero asegúrate de que no te afecte profundamente.

De la lección...

Cuando te encuentres con alguien llorando, recuerda que su interpretación de los eventos, más que los eventos en sí, es la causa subyacente de su angustia. Por lo tanto, muestra simpatía sin permitir que te afecte profundamente.

¡A la acción!

(1) Es importante abstenerse de hacer suposiciones acerca de las razones detrás de las lágrimas de alguien.

(2) Recuerda que es la interpretación de los eventos por parte de la persona lo que está causando su angustia y no los eventos en sí mismos.

(3) Si corresponde, ofrece palabras de condolencia o apoyo a la persona.
(4) Demuestra empatía al derramar una lágrima junto a la persona si la situación lo requiere.
(5) Ten cuidado de no permitir que la situación te afecte emocionalmente de manera profunda.

El Poder del Dramaturgo: Acepta tu Papel Asignado

17. Recuerda siempre que eres como un actor en una obra de teatro, y el Dramaturgo es quien determina tu personaje. Si el Dramaturgo quiere que la obra sea breve, así será. Si el Dramaturgo te asigna el papel de mendigo, asegúrate de representar ese papel de manera experta. Lo mismo aplica si te asignan como persona discapacitada, ejecutivo o simplemente una persona ordinaria. Tu responsabilidad es desempeñar tu papel asignado de manera excepcional, pero la elección de ese papel recae en otra persona.

De la lección...

Recuerda que no tienes control sobre el papel que te ha sido asignado, así que acéptalo y da tu mejor actuación.

¡A la acción!

(1) Siempre ten en cuenta que tu carácter es determinado por alguien más, al igual que ser un actor en una obra de teatro.
(2) Adáptate y realiza con habilidad y excelencia el papel que se te ha asignado, sin importar cuál sea.
(3) Aceptar que la duración de la obra y la naturaleza de tu personaje están fuera de tu control.
(4) Acepta cualquier papel que se te dé, ya sea que representes a un mendigo, ejecutivo, persona discapacitada o individuo común.
(5) Recuerda que tu responsabilidad principal es desempeñar de manera excepcionalmente buena el papel asignado.
(6) Entiende que la decisión sobre tu personaje pertenece al dramaturgo o a alguien más.

El Poder de la Percepción en la Interpretación de Señales y Presagios

18. Cuando un cuervo grazna de forma ominosa, no dejes que te abrume. En cambio, tómate un momento para pensar con claridad y

decirte a ti mismo: "Estos signos no están destinados para mí, sino quizás para mi bienestar físico, posesiones materiales, creencias personales, seres queridos o relaciones. Sin embargo, puedo elegir percibir cualquier signo como favorable si así lo deseo. Independientemente del resultado, poseo la habilidad de encontrar algo beneficioso en ello".

De la lección...

No dejes que los signos ominosos te abrumen; en cambio, elige encontrar algo beneficioso en ellos y percibe cada signo como favorable, si así lo deseas.

¡A la acción!

(1) Tómate un momento para detenerte y despejar tu mente cuando te enfrentes a señales o situaciones ominosas.

(2) Recuerde que estos signos pueden no estar específicamente dirigidos a usted, pero podrían ser relevantes para varios aspectos de su vida, incluyendo el bienestar físico, las posesiones materiales, las creencias personales, los seres queridos o las relaciones.

(3) Cultiva una mentalidad en la que elijas ver cualquier señal como favorable, si así lo deseas.

(4) Reconoce que tienes la capacidad de encontrar algo ventajoso en cada situación o resultado.

(5) Practicar encontrar el beneficio oculto o los aspectos positivos en circunstancias desafiantes.

(6) Tómate un momento para reflexionar sobre cómo los signos o situaciones que encuentres pueden estar relacionados con tu salud física y, luego, toma las acciones necesarias para mantenerla o mejorarla.

(7) Considera cómo los signos pueden estar conectados con tus posesiones materiales y toma medidas para proteger y mejorarlas.

(8) Tómate un momento para detenerte y reflexionar sobre tus creencias y valores personales. Considera cómo las señales se alinean con estos aspectos de tu vida y determina si es necesario realizar algún ajuste.

(9) Ten en cuenta cómo los signos pueden influir en tus relaciones con tus seres queridos y trata de mejorar y cultivar esos lazos.

(10) Abraza la idea de que puedes interpretar las señales y situaciones de una manera que favorezca tu bienestar y traiga positividad a tu vida.

Encontrando la Verdadera Felicidad y Libertad: El Poder de Controlar lo que Puedes

19. Puedes sentirte imparable si evitas involucrarte en cualquier competencia en la que no tengas control sobre el resultado. Ten cuidado de no dejarte llevar por las apariencias externas cuando veas a alguien siendo elogiado, teniendo poder o siendo altamente valorado. Solo porque alguien parezca feliz por fuera no significa que realmente lo sea. Si entendemos que la verdadera felicidad proviene de dentro y es algo que podemos controlar, entonces no hay lugar para la envidia o los celos. Incluso no desearás ser una persona de alto estatus social como un juez o senador, sino más bien una persona libre. Y la única forma de lograr esa libertad es no dar importancia a las cosas que no podemos controlar.

De la lección...

Enfócate en lo que puedes controlar, evita involucrarte en competencias que están fuera de tu control y encuentra la verdadera felicidad desde dentro.

¡A la acción!

(1) Evita participar en concursos o en situaciones en las que no tengas control sobre el resultado.
(2) Ten cuidado de dejarte influenciar por las apariencias externas, como el elogio, el poder o la alta estima hacia los demás.
(3) Es importante entender que la aparente felicidad mostrada por una persona no necesariamente refleja su verdadero estado de ser.
(4) Es importante entender que la verdadera felicidad proviene de uno mismo y que está completamente bajo su control.
(5) Libera los sentimientos de envidia o celos redirigiendo tu enfoque hacia la regulación de tu propia felicidad.
(6) Valora la libertad personal por encima del estatus social.
(7) Dale importancia a las cosas que están bajo tu control en lugar de aquellas que están fuera de tu control.

Tomando el control de tus emociones: El poder de la percepción

20. Recuerda siempre que no es la persona que te insulta o te causa daño físico quien verdaderamente te insulta, sino más bien tu propia interpretación de sus acciones. Entonces, cuando alguien te saca de quicio, reconoce que es tu propia percepción la que te está haciendo sentir irritado(a). Tu primera prioridad debería ser no permitir que las influencias externas te afecten demasiado fuertemente. Si das un paso atrás y te das tiempo para respirar, encontrarás más fácil recuperar el control sobre tus emociones.

De la lección...

No permitas que las acciones de otros dicten tus emociones. En cambio, tómate un momento para detenerte, respirar y recuperar el control de tu propia percepción.

¡A la acción!

(1) Practica la autoconciencia: Tómate el tiempo para analizar tus propios pensamientos y emociones cuando alguien te insulte o te lastime. Reconoce que es tu propia interpretación de sus acciones lo que te hace sentir irritado/a.

(2) Desarrollar un fuerte sentido de autoestima es crucial. Al construir confianza y mejorar la autoestima, puedes minimizar el impacto de las influencias externas en tus emociones. Es importante concentrarte en tus fortalezas y logros para mantener una imagen positiva de ti mismo.

(3) Cultiva la resiliencia: en lugar de permitir que los insultos o el daño te afecten, desarrolla la capacidad de recuperarte de experiencias negativas. Construye mecanismos de afrontamiento, como involucrarte en un diálogo interno positivo o buscar apoyo de amigos y seres queridos, para ayudarte a superar estos desafíos.

(4) Practica la empatía: trata de entender la perspectiva de la persona que te insulta o te daña. Hacerlo puede ayudarte a reconocer que sus acciones a menudo se basan en sus propias inseguridades o problemas y no en un reflejo preciso de tu propio valor.

(5) Toma un paso atrás: Cuando te enfrentes a una situación que te perturba, es crucial tomarte un momento para pausar y respirar. Este simple acto te permite recuperar el control sobre tus emociones y

previene de manera efectiva cualquier reacción impulsiva que solo podría agravar la situación.

(6) Enfócate en lo que puedes controlar. En lugar de obsesionarte con las acciones de los demás, dirige tu atención hacia aquello en lo que tienes el poder de influir: tus propios pensamientos, emociones y acciones. Canaliza tu energía hacia participar en actividades positivas y productivas que te brinden alegría y satisfacción.

(7) Buscar apoyo: Si te resulta difícil manejar tus emociones o superar el impacto de las influencias externas, no dudes en buscar apoyo de profesionales, como terapeutas o consejeros. Ellos pueden proporcionarte orientación y estrategias para ayudarte a navegar a través de situaciones desafiantes.

Abrazando la Muerte y Cultivando una Mentalidad Positiva

21. Recuerda tener siempre presente la muerte y todas las cosas que parecen terribles, especialmente la muerte, todos los días. Al hacerlo, nunca albergarás pensamientos negativos o desesperanzadores, ni desarrollarás deseos excesivos.

De la lección...

Siempre recuerda la muerte; te ayudará a cultivar la gratitud, vivir en el momento presente y dejar ir los deseos innecesarios.

¡A la acción!

(1) Haz de ello una práctica diaria recordarte a ti mismo la inevitabilidad de la muerte.
(2) Cuando te enfrentes a pensamientos negativos o desesperanzadores, haz un esfuerzo consciente para cambiar tu enfoque y reconocer la muerte como un recordatorio de la impermanencia de la vida.
(3) Cultiva una actitud de aceptación hacia las cosas que puedan parecer terribles, reconociendo que son parte de la experiencia humana.
(4) Reflexiona sobre el concepto de deseo excesivo y cómo puede llevar a la insatisfacción o decepción. Esfuérzate por mantener un enfoque equilibrado hacia tus deseos y evita convertirte en excesivamente apegado.

(5) Considera incorporar técnicas de conciencia plena o meditación en tu rutina diaria para ayudarte a mantener la calma y la concentración frente a las incertidumbres de la vida.
(6) Explora perspectivas filosóficas y espirituales sobre la muerte y la impermanencia para profundizar tu comprensión.
(7) Compartir estas perspectivas con otros puede iniciar conversaciones significativas sobre la vida, la muerte y la búsqueda de la felicidad.
(8) Encuentra maneras de apreciar y valorar activamente los momentos y experiencias de la vida, reconociendo que son finitos y es posible que no se repitan.
(9) Escribe en un diario o reflexiona sobre tus pensamientos y emociones en relación con la muerte, con el objetivo de desarrollar una perspectiva y una relación más saludable con ella.
(10) Encuentra inspiración en la literatura, el arte u otras formas de expresión que exploren los temas de la mortalidad y la condición humana.

Los retos de perseguir la filosofía

22. Si estás interesado/ interesada en la filosofía, prepárate para enfrentar la ridiculización. La gente puede burlarse de ti y decir cosas como: "Mira quien de repente se convirtió en filósofo/ filósofa" o "¿De dónde sacaste esa actitud intelectual?". Pero no dejes que eso te desanime. Mantente fiel a tus creencias y aférrate a lo que consideres correcto, como alguien que cree que es su destino hacerlo. Recuerda, si te mantienes firme en tus principios, aquellos que solían reírse de ti eventualmente te admirarán. Sin embargo, si permites que te dominen, terminarás siendo el objeto de risa.

De la lección...

Abraza la filosofía a pesar de cualquier burla y mantén firmes tus creencias. Con el tiempo, ganarás admiración por tus principios.

¡A la acción!

(1) Esté preparado para enfrentar burlas si está interesado en la filosofía.
(2) No permitas que las burlas de los demás te desanimen a perseguir la filosofía.

(3) Permanece fiel a tus creencias y principios frente a la crítica.

(4) Recuerda que es importante aferrarte a lo que crees que es correcto, al igual que alguien que cree apasionadamente en que es su destino.

(5) No permitas que otros te dominen o dicten tus creencias.

(6) Mantente fiel a tus principios, incluso si eso significa soportar el ridículo.

(7) Comprende que las personas que antes se burlaban de ti pueden llegar a admirar tu firme compromiso y tus creencias profundamente arraigadas.

CAPÍTULO 4

— PREPARACIÓN MENTAL

Epicteto habla sobre la importancia de adoptar la mentalidad correcta antes de embarcarnos en tareas. Esto implica tener una visión integral, evaluar nuestras capacidades y determinar si la tarea se alinea con nuestros valores. Al abordar las tareas de manera sabia, podemos evitar acciones impulsivas que luego podríamos lamentar. Para ilustrar este concepto, consideremos la preparación para un evento deportivo importante como un ejemplo moderno.

Abrazando la Sabiduría Interior: El Camino para Vivir una Vida con Propósito

23. Si alguna vez te encuentras tratando de impresionar a alguien centrándote únicamente en cosas externas, créeme, te estás alejando de tu propósito en la vida. En cambio, encuentra la satisfacción en encarnar una mentalidad filosófica en todo lo que hagas. Y si deseas que los demás te perciban así, comienza por demostrártelo a ti mismo primero. Una vez logrado eso, irradiarás esa imagen a los demás de forma instintiva también.

De la lección...

Enfócate en tu crecimiento interno y en tu felicidad en lugar de buscar validación en fuentes externas.

CAPÍTULO 4 — PREPARACIÓN MENTAL

¡A la acción!

(1) Tómate el tiempo para reflexionar sobre el propósito de tu vida y señalar aquello que verdaderamente te brinda tanto significado como satisfacción.

(2) Cambia tu enfoque de buscar validación externamente a encontrar satisfacción interna.

(3) Asume el papel de filósofo en todo lo que hagas, buscando sabiduría, comprensión e introspección.

(4) Desafíate a vivir auténticamente, alineando tus acciones con tus valores y creencias.

(5) Haz de tu crecimiento y mejora personales una prioridad, esforzándote constantemente en profundizar tu comprensión tanto del mundo como de ti mismo.

(6) Desarrollar un agudo sentido de autoconciencia es esencial para reconocer tanto tus fortalezas como las áreas en las que puedes crecer.

(7) Practica la validación personal encontrando alegría y satisfacción en tus propios logros y crecimiento interno.

(8) Lidera con el ejemplo e inspira a otros a través de tus acciones y la forma en que vives tu vida.

(9) Evita buscar validación de otras personas y, en cambio, concéntrate en cultivar un sentido de autorrealización y autovaloración.

(10) Mantente fiel a ti mismo y confía en que al ser genuino y auténtico, otros te percibirán naturalmente como un filósofo.

Viviendo una vida de honor y significado

24. No permitas que estos pensamientos te agobien: "Viviré sin honor y seré insignificante en todas partes". Porque si se considera negativo carecer de honor, no es como si alguien más pudiera hacerte malo, así como tampoco pueden hacerte sentir avergonzado. No es tu responsabilidad buscar cargos prestigiosos o que te inviten a eventos elegantes, ¿verdad? Entonces, ¿cómo se puede considerar aún una falta de honor? ¿Y por qué serías "insignificante en todas partes" cuando solo deberías esforzarte por ser importante en cosas que realmente puedes controlar, donde tienes el privilegio de ser alguien respetado? Pero ¿qué hay de tus amigos? ¿Quedarán sin ayuda? ¿Qué

significa estar "sin ayuda"? No recibirán pequeños cambios de ti y no los convertirás en ciudadanos de un imperio poderoso. Pero ¿quién dijo que estos son aspectos que están bajo nuestro control en lugar de estar en manos de otros? ¿Y quién puede dar algo a alguien que ellos mismos no poseen? "Bueno entonces", puede decir un amigo, "adquiere dinero para que también podamos tenerlo". Si puedo obtener dinero preservando mi autorrespeto, fidelidad e integridad, entonces demuéstrame cómo, y lo haré. Sin embargo, si quieres que sacrifique las cosas buenas que son mías para que puedas adquirir cosas que no son buenas, entonces puedes observar por ti mismo lo injusto y desconsiderado que estás siendo. ¿Y qué valoras realmente? ¿El dinero o un amigo leal y respetuoso de sí mismo? Ayúdame a lograr lo último y abstente de empujarme a participar en actividades que me harán perder estas cualidades.

"Pero ¿qué hay de mi país?", puede preguntar alguien. "Quedará sin ayuda por mi culpa". Una vez más, pregunto, ¿a qué tipo de ayuda te refieres? No tendrá edificios extravagantes ni baños lujosos que tú proporciones. ¿Y qué importancia tiene eso de todos modos? No requiere zapatos hechos por un zapatero o armas producidas por un herrero; lo único que necesita es que todos cumplan con sus propias responsabilidades. Y si introdujeras a otro ciudadano leal y respetuoso de sí mismo, ¿no sería beneficioso? "Sí". Bueno, entonces tampoco serías inútil para él. "Pero ¿qué papel desempeñaría en el Estado?", cuestionan. Cualquier papel que te permita mantener tu lealtad y respeto hacia ti mismo. Porque si, con ansias de ayudar al Estado, sacrificaras esas cualidades, ¿qué propósito tendrías para él si al final te convirtieras en alguien sin vergüenza y no confiable?

De la lección...

No sacrifiques tu integridad y autorrespeto buscando validación externa o tratando de complacer a los demás.

¡A la acción!

(1) Reflexiona sobre la importancia del honor y cómo no se ve afectado por factores externos ni por las opiniones de los demás.

(2) Reconsidera la búsqueda de posiciones prestigiosas e invitaciones a eventos elegantes, y en su lugar, prioriza el crecimiento personal y el hacer una diferencia en áreas que están dentro de nuestro control.

(3) Entiende que ayudar a los demás no significa necesariamente proporcionar asistencia material o convertirlos en ciudadanos de un imperio poderoso. En cambio, concéntrate en ser un amigo leal y respetuoso de uno mismo.

(4) Es importante priorizar el respeto hacia uno mismo, la lealtad y la integridad en todas nuestras acciones, incluso cuando se trata de buscar riqueza o éxito.

(5) Si estás buscando orientación o ejemplos sobre cómo mantener el autorrespeto, la fidelidad y la integridad mientras persigues el éxito financiero, hay varios recursos disponibles. Busca inspiración en aquellos que han logrado tanto el éxito financiero como los valores personales. Puede ser útil buscar el consejo de mentores o modelos a seguir que puedan ofrecer ideas y estrategias para mantener una brújula moral sólida en la búsqueda de la prosperidad. Recuerda que es posible alcanzar el éxito financiero sin comprometer tus principios. Al aprender de aquellos que han encontrado este equilibrio, puedes navegar por tu propio camino hacia la seguridad financiera y la realización personal.

(6) Rechaza cualquier solicitud o demanda que requiera comprometer tus cualidades personales o valores por el bien de los demás.

(7) Es importante entender que la verdadera ayuda a nuestro país no depende únicamente de proporcionar bienes materiales, sino que también abarca las contribuciones individuales y la capacidad de atraer ciudadanos leales y respetuosos consigo mismos.

(8) Acepta cualquier función dentro del estado que te permita mantener la fidelidad y el respeto hacia ti mismo/a, en lugar de buscar posiciones que puedan comprometer estas cualidades.

(9) Es importante considerar las consecuencias a largo plazo que se derivarían de sacrificar cualidades y valores personales en la búsqueda de ayudar al Estado.

(10) Prioriza el crecimiento personal, la mejora personal y el mantenimiento de la integridad personal por encima del reconocimiento externo o del éxito material.

CAPÍTULO 4 — PREPARACIÓN MENTAL

> **La importancia de gestionar las expectativas y seguir caminos individuales**

25. ¿Alguna vez has sentido envidia o decepción cuando alguien más ha recibido más reconocimiento, trato preferencial o se le ha pedido consejo en lugar de ti? Si estas situaciones son positivas, es importante alegrarte realmente por ellos. Por otro lado, si son negativas, no permitas que te molesten, porque significa que no tuviste que lidiar con esos problemas. Recuerda, si no sigues el mismo camino que los demás al perseguir cosas que no están bajo nuestro control, no puedes esperar ser tratado de igual manera.

Piénsalo de esta manera: ¿cómo puede alguien que no trata constantemente de impresionar a los demás esperar ser tratado de la misma manera que alguien que lo hace? ¿Cómo puede alguien que no realiza todas las tareas adicionales esperar ser recompensado de la misma manera que la persona que sí lo hace? Sería injusto e insatisfactorio si te niegas a hacer el esfuerzo o pagar el precio por estas cosas, pero aún esperas que te las entreguen de forma gratuita.

Permítenos usar el ejemplo de comprar lechuga. El precio de una cabeza de lechuga, digamos, es un dólar. Si alguien decide pagar ese dólar y obtiene su lechuga, mientras que tú decides no pagar y te quedas sin lechuga, no puedes sentirte peor que la persona que pagó. Ellos tienen su lechuga y tú tienes tu dólar que no gastaste.

Lo mismo se aplica a la vida en general. Si no te han invitado a una cena, es porque no le diste al anfitrión lo que valoran, como admiración o atención. Si quieres ser invitado, dale lo que quieren, pero solo si se alinea con tus propios intereses. Sin embargo, si esperas obtener todos los beneficios sin hacer sacrificios, estás siendo poco razonable e ingenuo.

Pero no temas, siempre hay alternativas. Al no asistir a la cena, evitas tener que elogiar a alguien que no admirar y no tienes que lidiar con el comportamiento grosero de su personal.

> *De la lección...*
>
> Sé genuinamente feliz por el reconocimiento que reciben los demás, acepta que diferentes caminos conducen a resultados distintos y no esperes recompensas sin esforzarte ni hacer sacrificios.

CAPÍTULO 4 — PREPARACIÓN MENTAL

¡A la acción!

(1) Sé genuinamente feliz por los demás cuando reciben reconocimiento o un trato preferencial. Evita cualquier sentimiento de envidia o decepción y, en su lugar, concéntrate en celebrar su éxito.

(2) Entienda que, si no recibió el mismo reconocimiento o trato, puede indicar que fue liberado de los problemas o dificultades que lo acompañaban.

(3) Reconoce que, si no sigues el mismo camino que otros en la búsqueda de cosas que están fuera de tu control, es irrealista esperar un trato igual.

(4) Tómate un momento para reflexionar sobre el esfuerzo que pones en impresionar a los demás o ir más allá. Es importante entender que aquellas personas que consistentemente dedican más esfuerzo pueden recibir mayores recompensas o reconocimiento.

(5) Es importante reconocer que esperar recompensas o cosechar beneficios sin hacer ningún sacrificio o esfuerzo es injusto e irrealista.

(6) Cuando te encuentres en situaciones en las que te sientas excluido o ignorado, es importante considerar opciones alternativas. Dedica tiempo a evaluar los posibles beneficios y desventajas de participar, y decide en función de tus propios intereses y valores.

(7) Si decides no participar en una situación, evita quedarte con sentimientos de resentimiento o insatisfacción. En cambio, concéntrate en las ventajas de no tener que comprometer tus valores o lidiar con circunstancias desfavorables.

Trátate con Compasión y Entendimiento

26. Para entender lo que la naturaleza tiene planeado para nosotros, centrémonos en las formas en las que todos somos iguales. Piensa en esto: cuando las pertenencias de otra persona se rompen, como cuando un esclavo rompe su taza de bebida, somos rápidos en restarle importancia y decir: "Bueno, los accidentes suceden". Entonces, cuando nuestra propia taza se quiebra, debemos reaccionar de la misma manera en la que lo haríamos si le sucediera a alguien más.

CAPÍTULO 4 — PREPARACIÓN MENTAL

Ahora, apliquemos esta misma mentalidad a asuntos más significativos. Cuando escuchamos que el hijo o esposo de otra persona ha fallecido, entendemos que simplemente es parte de la vida. Decimos: "Ese es el destino de la humanidad". Pero cuando nos sucede a nosotros, inmediatamente exclamamos angustiados pensando: "¡Oh no! ¿Por qué a mí?" Sin embargo, debemos esforzarnos en recordar cómo nos solidarizamos con los demás que atraviesan esa misma tragedia.

El mensaje es claro: aprendamos a tratarnos a nosotros mismos con la misma compasión y comprensión que mostramos hacia los demás.

De la lección...

Trátate a ti mismo con la misma compasión y comprensión que das a los demás.

¡A la acción!

(1) Cabe reconocer que los accidentes ocurren y permitir que ocurran molestias o averías menores, tal como lo haríamos si le pasaran a otra persona.
(2) Aplica la misma mentalidad a asuntos más significativos, como la pérdida de un ser querido, al entender que es parte de la vida y del destino de la humanidad.
(3) Cuando te enfrentes a dificultades personales o tragedias, es importante evitar reaccionar de inmediato con angustia o autocompasión.
(4) Recordemos tener empatía hacia aquellos que puedan estar pasando por tragedias o dificultades similares.
(5) Aprende a tratarte a ti mismo con la misma compasión y comprensión que mostramos hacia los demás.

La Importancia del Mal en el Mundo

27. Del mismo modo que no se coloca un letrero para ser ignorado, lo mismo ocurre con la presencia del mal en el mundo.

De la lección...

Reconoce y afronta la realidad del mal, ya que ignorarla solamente permite su persistencia y crecimiento.

CAPÍTULO 4 — PREPARACIÓN MENTAL

> **¡A la acción!**

(1) Reconoce y acepta la existencia del mal: El primer paso consiste en aceptar y reconocer conscientemente que el mal existe en el mundo. Es importante entender que ignorar o negar su presencia no lo hará desaparecer.

(2) Crear conciencia: Toma medidas proactivas para crear conciencia sobre la existencia del mal y sus manifestaciones. Esto se puede lograr a través de participar en conversaciones, promover la educación, compartir información vital o apoyar activamente campañas de concientización.

(3) Promover la empatía y la compasión: El mal prospera con frecuencia en un entorno carente de empatía y compasión. Es crucial promover activamente estas cualidades dentro de tus círculos personales y sociales. Debes fomentar la comprensión, la amabilidad y el apoyo hacia los demás.

(4) Toma una posición en contra de la injusticia: Levántate y lucha contra las injusticias causadas por acciones malvadas. Ya sea defendiendo los derechos humanos, combatiendo la opresión sistémica o enfrentando la discriminación, participa activamente en acciones que busquen generar un cambio positivo.

(5) Informa y denuncia cualquier comportamiento incorrecto: Si te encuentras con actos de maldad, como actividades criminales o comportamientos no éticos, sé proactivo y transmite la información a las autoridades pertinentes. Al tomar esta acción, estarás fomentando activamente la rendición de cuentas y trabajando para prevenir cualquier daño futuro.

(6) Apoya a las víctimas y supervivientes: Extiende tu apoyo a aquellos que han sido afectados por actos malvados. Esto puede implicar brindar apoyo emocional, abogar por la justicia en su nombre o ayudarles a acceder a recursos y servicios relevantes.

(7) Promueva un entorno seguro, fomentando la inclusividad tanto en sus espacios personales como profesionales. Busque erradicar las instancias de acoso, abuso y cualquier tipo de maltrato. Cultive una cultura que priorice el respeto, la igualdad y la equidad.

(8) Participa en actos de bondad: Contrarresta el mal, participando activamente en actos de bondad y amabilidad. Propaga la positividad

y contribuye de manera positiva a tu comunidad. Incluso acciones pequeñas, como ser voluntario, ayudar a un desconocido o practicar actos de amabilidad al azar, pueden marcar una diferencia significativa.

(9) Educar y capacitar a las generaciones futuras implica dotar a los jóvenes de los conocimientos y valores esenciales para discernir y enfrentar la maldad. Además, es fundamental inculcar en ellos el pensamiento crítico, la empatía y la importancia de tomar una postura contra la injusticia.

(10) Apoya a las organizaciones que luchan contra el mal: Identifica y apoya a las organizaciones e iniciativas que se dedican a combatir el mal y promover un cambio positivo. Esto se puede lograr a través de donaciones, trabajo voluntario o creando conciencia sobre su labor.

(11) Recuerda que las acciones individuales tienen el potencial de crear, colectivamente, un efecto dominó y contribuir a un mundo más justo y compasivo.

La vulnerabilidad de tu mente: ¿La estás revelando demasiado fácilmente?

28. Si alguien te diera aleatoriamente tu cuerpo a cualquier persona que conocieras, estarías realmente molesto. Pero aquí está la cosa: voluntariamente entregas tu mente a cualquiera que se cruce en tu camino. Y si te insultan, es como si tu mente entrara en caos y se alterara por completo. ¿No te sientes avergonzado/a de eso?

De la lección...

Protege y resguarda tu mente de las influencias externas al dominar el arte de la resiliencia emocional y preservar tu paz interior.

¡A la acción!

(1) Tómese un momento para reflexionar sobre la importancia de establecer límites con los demás. Empiece evaluando el nivel de confianza y familiaridad necesarios para que alguien pueda acceder a sus pensamientos y emociones más íntimas.

(2) Practica la autoconciencia y la atención plena para reconocer cuándo las palabras o los insultos de alguien pueden afectar tu bienestar mental. Cultiva técnicas, como la respiración profunda,

ejercicios de arraigo o meditación, que te ayuden a recuperar el control sobre tu mente en estas situaciones.

(3) Explora métodos para desarrollar resiliencia y fortaleza emocional, como la terapia, los libros de autoayuda o los grupos de apoyo. Estos recursos pueden ayudarte a desarrollar la habilidad de mantener la compostura y la confianza, incluso cuando te enfrentes a críticas o insultos.

(4) Considera implementar entrenamiento de asertividad para aprender formas efectivas de expresar tus opiniones, pensamientos y emociones sin verte excesivamente afectado por los juicios o insultos de los demás.

(5) Tómese el tiempo para reflexionar sobre su propio valor y su identidad. Enfóquese en desarrollar un fuerte sentido propio que no dependa demasiado de la validación externa ni de las críticas.

(6) Participa en actividades o pasatiempos que aumenten tu autoestima y refuercen tu sentido de autovaloración, sin importar las opiniones de los demás.

(7) Rodéate de influencias positivas y personas de apoyo que te animen y te motiven, de esa manera podrás minimizar el impacto de la negatividad de los demás.

(8) Practica la autocompasión y el perdón. Comprende que todos cometemos errores, incluido tú mismo, y aprende a liberar emociones negativas o rencores que puedan llevarte a sentir caos o malestar cuando te enfrentas a insultos.

(9) Es importante establecer límites claros y firmes con las personas que constantemente te faltan al respeto o te insultan. Haz de tu bienestar mental y emocional una prioridad limitando o terminando por completo el contacto con personas tóxicas.

(10) Trabaje constantemente en el crecimiento personal y la automejora para mejorar su resiliencia y capacidad para enfrentar los desafíos emocionales con gracia. Esto puede incluir terapia, realizar autorreflexión o participar en actividades de desarrollo personal.

Eligiendo tu camino: La importancia de la reflexión y el compromiso

29. Cuando te enfrentes a cualquier tarea, es importante considerar lo que viene antes y después de sumergirte en ella. Si

simplemente te lanzas a algo sin pensar en los pasos que siguen, puedes empezar entusiasmado, pero terminar dándote por vencido cuando te enfrentes a desafíos. Por ejemplo, digamos que aspiras a obtener una medalla olímpica, ¡ese es un gran objetivo! Sin embargo, es necesario contemplar lo que debes hacer antes y después de eso. Tendrás que ser disciplinado, seguir una dieta estricta, renunciar a los dulces, entrenar consistentemente, incluso cuando no tengas ganas, y seguir un horario sin importar el clima. No puedes simplemente consumir lo que quieras cuando te apetezca. Debes entregarte a tu entrenador de la misma manera que lo harías a un médico. Además, cuando llegue el momento de competir, debes estar preparado para enfrentarte cara a cara a tus oponentes, asumiendo riesgos y aceptando posibles contratiempos y lesiones. Solo después de considerar cuidadosamente todos estos factores deberías continuar si aún deseas perseguir tu objetivo. De lo contrario, simplemente darás marcha atrás en tu decisión como un niño. Un momento juegas luchadores, al siguiente actúas como gladiadores, tocas la trompeta o actúas en una obra. En la misma línea, has incursionado como atleta, gladiador, orador y filósofo, pero no te has comprometido completamente con nada. Simplemente, imitas lo que te interesa, sin una consideración o examen reflexivo. Si deseas convertirte en filósofo porque has presenciado a alguien como Euphrates hablar (aunque, sinceramente, ¿quién puede hablar como él?), primero considera si eres capaz de manejarlo. ¿Quieres esforzarte por ser un contendiente en el pentatlón o un luchador? Evalúa tu físico: tus brazos, tus muslos, tu fuerza. Cada persona tiene sus propios talentos naturales. ¿Puedes cambiar tus hábitos alimenticios y de consumo, así como tu comportamiento impulsivo? ¿Puedes comprometerte a noches sin dormir, trabajo duro, soledad y aguantar el desprecio de los demás? ¿Eres capaz de soportar constantemente un estatus social, posición y reputación más baja? Reflexiona profundamente sobre estos desafíos y determina si las recompensas de la tranquilidad, la libertad y la paz son suficientes para ti. Si no es así, entonces la filosofía puede no ser el camino para ti. No imites a un niño, cambiando constantemente de roles: un momento filósofo, al siguiente recaudador de impuestos, luego orador y más tarde sirviente de

CAPÍTULO 4 — PREPARACIÓN MENTAL

César. Estos caminos no se entrelazan. Debes elegir quién aspire a ser: alguien bueno o malo. Debes decidir si deseas trabajar en tu mejora interna o externa. Puedes ser filósofo o ser una persona ordinaria.

De la lección...

Antes y después de completar una tarea, es importante considerar los pasos involucrados. Dedícate completamente al proceso y luego elige trabajar deliberadamente en tu mejora personal, ya sea interna o externamente.

¡A la acción!

(1) Antes de comenzar cualquier tarea, es importante tomar un momento para considerar los pasos que la preceden y los que la siguen.

(2) Establece metas claras para ti mismo, como aspirar a una medalla olímpica. Sin embargo, también es igualmente importante considerar las acciones y los sacrificios necesarios para lograr dichas metas.

(3) Desarrollar disciplina y adherirse a una dieta estricta y a un régimen de entrenamiento riguroso, incluso cuando se enfrenten desafíos o falte motivación.

(4) Para mantener la consistencia, es importante crear y seguir un horario. Esto es aplicable incluso cuando se enfrentan factores externos como las condiciones climáticas o cambios de humor.

(5) Comprende que, para alcanzar tus objetivos, es posible que tengas que renunciar a ciertos caprichos o hábitos que no contribuyen a tu éxito.

(6) Dedícate por completo a tu entrenador o mentor, tratándolos con el mismo respeto y compromiso que lo harías con un médico.

(7) Estate preparado para enfrentar dificultades y contratiempos, incluyendo posibles lesiones, cuando llegue el momento de competir o alcanzar tus metas.

(8) Antes de embarcarte en un camino o rol en particular, es crucial evaluar de manera crítica si posees las cualidades esenciales, los talentos y el nivel de compromiso necesarios para el éxito.

(9) Considera los desafíos y sacrificios asociados con tu camino deseado, como el cambio de hábitos alimenticios, controlar

comportamientos impulsivos, pasar noches sin dormir y vivir en aislamiento.

(10) Tómate un momento para reflexionar sobre los posibles beneficios: tranquilidad, libertad y paz, y evalúalos cuidadosamente frente a las pruebas y sacrificios que podrían surgir.

(11) Elige un camino o rol que esté alineado con tus deseos y habilidades, ya sea como filósofo o como una persona común.

(12) Evita cambiar constantemente de roles o caminos, en su lugar, comprométete a uno y dedícate a mejorar tanto a nivel interno como externo.

Navegando Responsabilidades Sociales: El Poder de las Relaciones y la Autorreflexión

30. Nuestras responsabilidades están determinadas por nuestras conexiones sociales. Por ejemplo, si alguien es tu padre, se espera que te ocupes de él, priorices sus necesidades y te mantengas sumiso/a, incluso si te ataca verbalmente o te lastima físicamente. Sin embargo, aunque tu padre no sea una buena persona, todavía tienes el deber hacia él solo por tu relación. El mismo principio se aplica a otros miembros de la familia o personas en tu vida que puedan tratarte mal.

Si tu hermano te maltrata, es importante mantener la relación y centrarte en tus propias acciones en lugar de su comportamiento. Para alinearte con sus valores morales y su naturaleza, no te dejes consumir por lo que hace, sin embargo, piensa en cómo debes responder. Recuerda, nadie puede hacerte daño sin tu permiso. Solo experimentas daño cuando crees haber sido lastimado/a. Al adoptar esta mentalidad, comprenderás mejor tus responsabilidades hacia tus vecinos, conciudadanos e incluso tus superiores al examinar tus conexiones sociales con ellos.

De la lección...

Para lograr una comprensión más profunda de tus obligaciones hacia los demás y mantener tus principios morales, es imperativo que priorices tu propio comportamiento y tus reacciones. Además, es vital poner énfasis en nutrir las relaciones, incluso con aquellas personas que puedan tratarte mal.

CAPÍTULO 4 — PREPARACIÓN MENTAL

> **¡A la acción!**
>
> (1) Cuida de tu padre y prioriza sus necesidades, incluso si te ataca verbalmente o te causa daño físico.
>
> (2) Mantén sumisión hacia tu padre, independientemente de su comportamiento.
>
> (3) Es importante mantener tu relación con tu hermano, sin importar cómo te trate.
>
> (4) Enfócate en tus propias acciones y respuestas, en vez de obsesionarte con el comportamiento de los demás.
>
> (5) Recuerda siempre que nadie te puede dañar sin tu permiso.
>
> (6) Adopta la mentalidad de que solo experimentas daño cuando crees que has sido perjudicado.
>
> (7) Para obtener una mejor comprensión de tus responsabilidades hacia los demás, como tus vecinos, conciudadanos y superiores, es importante examinar tus conexiones sociales.

CAPÍTULO 5

— ROLES Y DEBERES SOCIALES

Este capítulo explora cómo podemos cumplir nuestras responsabilidades y obligaciones en la sociedad, al tiempo que seguimos siendo virtuosos. Ya sea que seamos buenos hijos, hermanos, padres o ciudadanos, este capítulo ofrece valiosos consejos que siguen siendo aplicables en nuestras vidas hoy en día. Epicteto enfatiza la importancia de mantenernos fieles a nuestros valores en lugar de preocuparnos por cómo los demás nos perciben. También nos anima a priorizar nuestra relación con un poder superior y a comportarnos sabiamente en entornos sociales. En última instancia, nuestro objetivo debería ser mantener una brújula moral sólida en todos los aspectos de nuestras vidas.

La importancia de las creencias y la mentalidad en la devoción a los dioses

31. Cuando se trata de mostrar respeto y devoción a los dioses, el aspecto más importante es tener las creencias correctas sobre ellos. Esto implica reconocer su existencia y entender que tienen control sobre el mundo, asegurando equidad y justicia. También implica dedicarse a obedecerlos y aceptar todo lo que ocurre, creyendo que todo forma parte de un plan mayor guiado por la inteligencia divina. Al comportarse de esta manera, uno nunca culpará a los dioses ni los acusará de descuidarlos.

Sin embargo, lograr esta mentalidad requiere un cambio de perspectiva. Es esencial dejar de percibir las cosas que están fuera de nuestro control como buenas o malas y, en cambio, enfocarse en lo que se puede controlar. Si los factores externos se categorizan como buenos o malos, inevitablemente habrá culpa y resentimiento hacia aquellos considerados responsables cuando las cosas no salen como se desea. Los seres humanos tienden naturalmente a evitar y despreciar las cosas que parecen perjudiciales, mientras persiguen y admiran cosas que son beneficiosas. En consecuencia, si alguien cree que algo está causando daño, no encontrará placer en ello ni en el dolor mismo.

Por eso los miembros de la familia pueden convertirse en enemigos, como los hermanos Polinices y Eteocles, cuando se disputan algo considerado bueno, como el poder real. También es por eso que los agricultores, marineros, comerciantes y las personas que han perdido seres queridos pueden maldecir a los dioses, ya que sus quejas están ligadas a sus propios intereses. La verdadera devoción a los dioses, por lo tanto, está intrínsecamente relacionada con cómo manejamos nuestros deseos y aversiones. Aquellos que son conscientes de esto también están practicando la piedad.

De la lección...

Cambia tu perspectiva, concéntrate en lo que puedes controlar y abraza el plan divino para mostrar respeto y devoción hacia los dioses.

¡A la acción!

(1) Desarrolla las creencias adecuadas sobre los dioses, viéndolos como entidades reales y comprendiendo su control sobre el mundo.
(2) Uno debe comprometerse a obedecer a los dioses y aceptar todo lo que sucede como parte de un plan divino.
(3) Cambia tu perspectiva y deja de etiquetar los factores externos como buenos o malos.
(4) En lugar de resentir lo que no se puede controlar, es mejor enfocarse en lo que sí se puede controlar.
(5) Evita culpar y resentir a aquellos que son responsables de resultados desfavorables.
(6) Gestionar los deseos y las aversiones que están conectados con los intereses personales y los agravios.
(7) Evita culpar y acusar a los dioses por negligencia.

(8) Cultiva una mentalidad piadosa al gestionar conscientemente tus deseos y aversiones.

El papel de la adivinación y la razón en la toma de decisiones

32. Cuando recurres a la adivinación, recuerda que estás buscando respuestas, pero no sabes cuáles serán esas respuestas. Estás confiando en que el adivino te las revele. Sin embargo, si te consideras filósofo, ya entiendes la situación antes de buscar orientación. Si el asunto está fuera de tu control, entonces es necesario aceptar que el resultado no será inherentemente bueno o malo.

Así que, cuando te acerques al adivino, deja atrás cualquier deseo o aversión, y no tiembles de miedo. En cambio, recuérdale a ti mismo que el resultado es indiferente y no tiene poder sobre ti. Sea lo que sea, puedes encontrar la manera de hacerlo funcionar a tu favor, sin que nadie pueda detenerte. Acércate a los dioses con confianza, viéndolos como consejeros sabios. Y una vez que recibas su guía, recuerda a quién buscaste consejo y las consecuencias de ignorar su consejo.

Sin embargo, solo recurre a la adivinación cuando realmente necesites respuestas que la razón u otros métodos no puedan proporcionar. Por ejemplo, cuando el resultado de una situación es incierto y no puedas encontrar una solución lógica. Pero en casos en los que la decisión involucre tu lealtad hacia un amigo o tu deber para con tu país, no confíes en la adivinación para decirte qué hacer. Aunque el adivino perciba signos o presagios desfavorables, debes usar tu propia razón y apoyar a tu amigo, aunque eso signifique correr riesgos o enfrentar peligros. Recuerda las lecciones de Apolo Pítico, quien desterró al hombre que no acudió en ayuda de su amigo cuando estaba siendo asesinado.

De la lección...

Enfrenta la adivinación con confianza, aceptando que el resultado no tiene poder sobre ti y confía en tu propio razonamiento cuando se trata de preguntas sobre lealtad y deber.

¡A la acción!

(1) Cuando busques una adivinación, acércate con una mente abierta y deja a un lado cualquier deseo o aversión.

(2) Recuerda que el resultado de la adivinación es irrelevante y no tiene ningún poder sobre ti.

(3) Encuentra una forma de aprovechar el resultado divino a tu favor, asegurándote al mismo tiempo de que nadie pueda obstaculizar tu progreso.

(4) Acércate a los dioses con confianza, considerándolos como sabios consejeros.

(5) Recuerda a quién buscó consejo y considera las consecuencias de ignorar su orientación.

(6) Recurra solo a la adivinación cuando la razón u otros métodos no puedan proporcionarle las respuestas que necesita.

(7) Utiliza la adivinación en situaciones en las que el resultado es incierto y las soluciones lógicas son esquivas.

(8) No debes depender de la adivinación cuando se trata de tomar decisiones respecto a tu lealtad hacia un amigo o tu deber hacia tu país.

(9) Cuando te encuentres en situaciones que pongan a prueba tu lealtad o sentido del deber, confía en tu propio juicio y mantente firme en tu apoyo a tu amigo(a), incluso si esto implica enfrentar posibles riesgos o peligros.

(10) Aprende de las lecciones de Apolo Pítico, quien desterró a un hombre por no haber ayudado a su amigo en un momento de necesidad.

> **Desarrollando un carácter fuerte y noble: Pautas para relacionarse con los demás**

33. Establece un carácter claro y consistente desde el principio, ya sea que estés solo o con otras personas. Habla con moderación, solo cuando sea necesario, y mantén tus comentarios concisos. Sin embargo, cuando hables, asegúrate de que sea sobre temas de sustancia, en lugar de los temas habituales como el deporte o la comida. Evita hablar mal de otras personas, ya sea criticándolas o elogiándolas. En su lugar, trata de dirigir la conversación hacia temas más significativos. Sin embargo, si te encuentras solo con desconocidos, es mejor mantener el silencio.

No te rías excesivamente ni de todo. Si es posible, evita hacer juramentos en absoluto. Pero si no puedes evitarlo, limítalos tanto como sea posible dependiendo de la situación.

Mantente alejado de las fiestas organizadas por personas que no entienden ni aprecian la filosofía. Pero si tienes que asistir, asegúrate de no involucrarte en su comportamiento. Recuerda, si pasas tiempo junto a alguien desordenado, es probable que también te ensucies, sin importar tu propia limpieza.

En cuanto a las posesiones materiales, lleva solo lo que realmente necesites para sobrevivir: comida, bebida, ropa, refugio y artículos esenciales para el hogar. Elimina todo lo que sea solo para mostrar o un lujo innecesario.

Mantén la pureza en tus relaciones antes del matrimonio, y si te involucras en actividades, asegúrate de que sean legales. Sin embargo, no juzgues ni ofendas a quienes elijan lo contrario y evita mencionar tus elecciones personales con demasiada frecuencia.

Si alguien te dice que otros hablan mal de ti, no sientas la necesidad de defenderte. En cambio, reconoce sus comentarios y di que hay muchas más fallas que no conocen. La mayoría de las veces, no necesitas asistir a espectáculos públicos. Pero si decides hacerlo, concéntrate en ti mismo y acepta cualquier resultado que ocurra. Evita gritar, reírte de los demás o emocionarte demasiado. Y después del espectáculo, no te quedes pensando en ello a menos que contribuya a tu crecimiento personal. Hablar demasiado al respecto implica que quedaste demasiado impresionado.

Selecciona cuidadosamente a qué lecturas públicas asistir y, cuando vayas, mantén tu dignidad sin volverte desagradable. Al encontrarte con alguien importante, pregúntate qué harían en esa situación grandes filósofos como Sócrates o Zenón. Esto te guiará sobre cómo manejarlo mejor. De manera similar, al visitar a alguien poderoso, prepárate para la posibilidad de que te rechacen o te ignoren. Si aún decides ir, acepta el resultado sin quejarte. No dejes que pienses que no valió la pena el esfuerzo, ya que esa es la mentalidad de alguien que se molesta por circunstancias externas.

En las conversaciones, evita alardear en exceso de tus propios logros o aventuras, ya que a otros puede que no les parezcan tan

CAPÍTULO 5 — ROLES Y DEBERES SOCIALES

interesantes como a ti. También ten cuidado al hacer chistes, ya que pueden fácilmente volverse groseros y disminuir el respeto que los demás te tienen. Es importante abstenerse de usar lenguaje vulgar también. Si alguien cruza esa línea, aborda educadamente su comportamiento si es apropiado. De lo contrario, muestra tu desaprobación a través de tu silencio, sonrojo o una expresión seria.

De la lección...

Para mantener un carácter claro y consistente, es importante hablar sabiamente y participar en conversaciones significativas. También es crucial evitar los chismes y limitar la risa excesiva y los juramentos. Además, es importante alejarse de influencias negativas y priorizar las posesiones esenciales.

Mantener la pureza en las relaciones es vital, al igual que optar por no defenderse contra los rumores. En cambio, es mejor enfocarse en el crecimiento personal y manejar las situaciones importantes con dignidad. Aceptar los resultados sin quejarse es un signo de madurez emocional, al igual que abstenerse de presumir o hacer chistes groseros. Por último, mostrar desaprobación del lenguaje vulgar es una demostración de respeto.

¡A la acción!

(1) Establece un carácter claro y consistente para ti mismo, tanto cuando estés solo como cuando estés con los demás.
(2) Habla de manera frugal, solo cuando sea necesario, y asegúrate de que tus comentarios sean concisos.
(3) Discuta temas importantes, evitando conversaciones sobre deportes o comida.
(4) Evite participar en chismes o emitir juicios sobre los demás durante las conversaciones.
(5) Dirige la conversación hacia temas más significativos.
(6) Si alguna vez te encuentras solo con desconocidos, es recomendable permanecer en silencio.
(7) Evita reír en exceso o burlarte de todo.
(8) Es recomendable limitar e incluso evitar hacer juramentos, dependiendo de la situación.
(9) Evite asistir a fiestas organizadas por personas que no valoran la filosofía.

CAPÍTULO 5 — ROLES Y DEBERES SOCIALES

(10) Si asistes a este tipo de fiestas, no te dejes llevar por su comportamiento.

(11) Ten en cuenta la compañía que mantienes, ya que asociarte con personas desordenadas puede influir en tu propia limpieza.

(12) Toma solamente lo que en realidad necesites para sobrevivir en términos de posesiones materiales.

(13) Elimina todo lo que sea innecesario o simplemente con fines de exhibición.

(14) Es crucial mantener la pureza en las relaciones antes del matrimonio y participar en actividades lícitas.

(15) No seas crítico ni ofensivo hacia aquellos que toman decisiones diferentes.

(16) Se recomienda evitar hacer referencias personales con frecuencia.

(17) No hay necesidad de sentirte obligado a defenderte cuando otros hablan mal de ti. En cambio, simplemente reconoce sus comentarios y recuérdales sutilmente que existen otras faltas de las que pueden no ser conscientes.

(18) Evita asistir a espectáculos públicos a menos que sea necesario. En su lugar, concéntrate en ti mismo y acepta los resultados.

(19) Evite gritar, reírse de otras personas o emocionarse demasiado durante las presentaciones públicas.

(20) Después de una actuación, es mejor evitar pensar demasiado en ella a menos que aporte valor a tu desarrollo personal.

(21) Para mantener tu dignidad sin volverte desagradable, es importante ser selectivo al asistir a eventos públicos.

(22) Imagínate cómo manejarían los grandes filósofos conocer a alguien importante.

(23) Esté preparado para la posibilidad de ser rechazado o ignorado al visitar a alguien en una posición de poder.

(24) Aceptar el resultado sin quejarse al visitar a alguien poderoso.

(25) Es recomendable abstenerse de alardear en exceso sobre logros o aventuras durante las conversaciones.

(26) Ten cuidado al hacer bromas, ya que tienen el potencial de volverse groseras y disminuir el respeto que otros te tienen.

CAPÍTULO 5 — ROLES Y DEBERES SOCIALES

(27) Evita usar un lenguaje vulgar y aborda este tipo de comportamiento de manera educada si es apropiado.

(28) Demuestra desaprobación, manteniéndote en silencio, sonrojándote o adoptando una expresión sería cuando alguien cruce la línea con su comportamiento.

Explorando el Placer: Encontrando Equilibrio y Resistiendo la Tentación

34. Cuando te encuentres con algo que te brinde placer, ten precaución. No te dejes llevar por ello como si fuera cualquier otra distracción. En cambio, tómate un momento para reflexionar y pausar. Considera dos marcos de tiempo diferentes: el primero es cuando estás realmente disfrutando del placer y el segundo es después de que haya pasado, cuando te quedas sintiéndote arrepentido y decepcionado. Compara estos dos períodos de tiempo con la satisfacción y la plenitud que experimentarás si resistes sucumbir al placer.

Sin embargo, si crees que ha llegado el momento adecuado para disfrutar de este placer, ten cuidado de no dejarte seducir por él. Recuerda lo mucho mejor que se siente superar la tentación y lograr la victoria sobre ella.

De la lección...

Sé cauteloso y tómate un momento para considerar las consecuencias de la indulgencia. Compara el placer temporal con la satisfacción duradera y recuerda siempre la satisfacción que surge al resistir la tentación y alcanzar el triunfo.

¡A la acción!

(1) Practica la conciencia plena: cuando te encuentres con algo que te brinda alegría, tómate un momento para detenerte conscientemente y apreciarlo. No permitas que te arrastren sin estar plenamente presente en el momento.

(2) Reflexiona sobre experiencias pasadas: Tómate el tiempo para reflexionar sobre ocasiones en las que te has dejado llevar por el placer inmediato y luego has sentido arrepentimiento o decepción. Compara esto con momentos en los que resististe la tentación y

experimentaste satisfacción y contento. Utiliza estas reflexiones como motivación para resistir el impulso impulsivo de ceder al placer.

(3) Considera las consecuencias a largo plazo: Antes de sucumbir a una experiencia placentera, tómate un momento para reflexionar sobre los posibles resultados negativos o las consecuencias que podrían ocurrir posteriormente. Evalúa si el placer efímero realmente vale la pena en comparación con los posibles sentimientos de arrepentimiento o decepción que podrían surgir.

(4) Enfócate en la gratificación retrasada: En lugar de buscar el placer inmediato, recuerda la mayor satisfacción y contentamiento que puede surgir al resistir la tentación. Cultiva una mentalidad que valore la satisfacción a largo plazo sobre el placer efímero.

(5) Desarrolla resistencia contra el encanto: Reconoce el atractivo y la tentación que el placer puede tener, y ten cuidado de no permitir que se apodere de tu capacidad para resistir. Recuerda siempre la fuerza y la victoria que provienen de superar la tentación.

(6) Desarrolla la autodisciplina: Entrénate a ti mismo para resistir la tentación de buscar el placer inmediato, practicando la autodisciplina en otras áreas de tu vida. Busca oportunidades para ejercitar el autocontrol y retrasar la gratificación, ya que esto aumentará tu capacidad para resistir el placer cuando sea necesario.

(7) Busca apoyo y responsabilidad: Comparte tus metas y dificultades con amigos de confianza o seres queridos que puedan brindarte apoyo y exigirte responsabilidad. Tener a alguien con quien hablar o hacer seguimiento puede ayudarte a mantenerte enfocado(a) para resistir las tentaciones y alcanzar una satisfacción a largo plazo.

(8) Crear un plan: Si crees que ha llegado el momento adecuado para disfrutar de un placer en particular, es importante crear un plan de antemano. Al establecer límites y fronteras, asegúrate de que no te dejes llevar. Tener un plan claro te ayudará a tomar decisiones más reflexivas e intencionales cuando te enfrentes a la tentación.

(9) Celebra tus victorias: Reconoce y celebra los momentos en los que resistes con éxito el placer inmediato. Premiarte por vencer las tentaciones puede fortalecer los sentimientos positivos de satisfacción y contentamiento que acompañan a la gratificación retrasada.

(10) Practica la autorreflexión: Reflexiona regularmente sobre tu progreso para resistir los placeres impulsivos y evalúa cualquier cambio o mejora en tu mentalidad y comportamiento. Utiliza esta autorreflexión para continuar refinando y fortaleciendo tu capacidad de resistir las distracciones y priorizar la satisfacción a largo plazo.

Acepta tus creencias y supera el juicio

35. Cuando estás decidido a hacer algo que crees que es correcto, no te preocupes por lo que los demás piensen de ti. No ocultes tus acciones, incluso si la mayoría de las personas pueden desaprobarlas. Sin embargo, si lo que estás haciendo está mal, es mejor evitarlo por completo. Pero si realmente es lo correcto, ¿por qué deberías temer a aquellos que te criticarán injustamente?

De la lección...

Mantente fiel a tus creencias y acciones, independientemente del juicio de los demás, siempre y cuando sepas que estás haciendo lo correcto.

¡A la acción!

(1) Tómate un tiempo para reflexionar sobre tus acciones y creencias, asegurándote de que estén alineadas con tus valores y principios morales.
(2) Ten confianza en tus decisiones y ten fe en tu propio juicio, independientemente de lo que los demás puedan pensar.
(3) Busque críticas constructivas de personas de confianza que puedan brindar ideas y perspectivas valiosas.
(4) Encuentra apoyo de personas o comunidades afines que compartan tu creencia en la rectitud de tus acciones.
(5) Eduque usted mismo sobre las posibles consecuencias o riesgos asociados con su decisión y tome las precauciones necesarias.
(6) Defiende lo que crees, incluso frente a críticas injustas o juicios.
(7) Sea receptivo a la retroalimentación constructiva y esté dispuesto a reevaluar sus acciones si surge información adicional o diferentes perspectivas.
(8) Esforcémonos por comunicarnos de manera efectiva y respetuosa con los demás, incluso si desaprueban nuestras elecciones.

CAPÍTULO 5 — ROLES Y DEBERES SOCIALES

(9) Defiende tus creencias y motiva a otros a actuar si comparten la convicción en la justicia de la causa.

(10) Aprende de las experiencias pasadas, tanto de los éxitos como de los fracasos, para mejorar y perfeccionar constantemente tu enfoque, con el objetivo de lograr lo que consideres correcto.

Encontrar el equilibrio entre el autocuidado y el contexto social en la mesa de cena

36. Imagínate esto: estás sentado en una mesa de cena con alguien, ambos disfrutando de una deliciosa comida. Ahora, digamos que tienes la oportunidad de tomar una porción más grande de comida para ti mismo. Por un lado, parece una gran idea porque satisfaría tu hambre y beneficiaría a tu cuerpo. Pero, por otro lado, podría afectar negativamente la atmósfera y la conexión social entre tú y tu compañero de cena.

Así como las afirmaciones "Es de día" y "Es de noche" tienen diferentes significados cuando se consideran por separado, pero no tienen sentido cuando se combinan, esta situación presenta un dilema similar. Si bien es importante priorizar tus necesidades físicas, también es crucial considerar el impacto en la relación y la dinámica social en juego.

Así que la próxima vez que te encuentres compartiendo una comida con alguien, recuerda no solo pensar en lo que es mejor para tu propio cuerpo, sino también en mantener el respeto por tu anfitrión y preservar la atmósfera armoniosa. Se trata de encontrar ese equilibrio entre cuidarte a ti mismo y ser consciente del contexto social.

De la lección...

Cuando se comparte una comida con alguien, es importante considerar el impacto que puede tener en tu conexión social y mantener el respeto. Encontrar un equilibrio entre cuidar de uno mismo y ser consciente del contexto social es crucial.

¡A la acción!

(1) Priorizar tus necesidades físicas es crucial. Presta atención a tu hambre y asegúrate de que estás completamente satisfecho durante la comida.

(2) Considera el impacto en tu relación: reflexiona sobre cómo tomar una porción más grande podría influir en la conexión social y el ambiente entre tú y tu compañero/a de comida.
(3) Mantén el respeto hacia tu anfitrión mostrando aprecio por la comida. Sé consciente de tus acciones y considera los esfuerzos que tu anfitrión hace al prepararla.
(4) Para mantener un ambiente armonioso, es importante evitar cualquier acción que pueda perturbar la atmósfera positiva o crear tensión durante la comida.
(5) Encuentra un equilibrio: Haz un esfuerzo por alcanzar un compromiso entre satisfacer tus propias necesidades y ser consciente del contexto social.

Las consecuencias de asumir roles inalcanzables

37. Si asumes un papel que está más allá de tus habilidades, no solo te avergonzarás en ese papel, sino que también descuidarás el papel en el que podrías haber tenido éxito.

De la lección...

Elige roles que se alineen con tus habilidades para evitar momentos incómodos y maximizar tu potencial de éxito.

¡A la acción!

(1) Antes de aceptar un papel, es crucial evaluar tanto tus habilidades como tus limitaciones. Tómate el tiempo para evaluar tus habilidades, conocimientos y experiencia y así determinar si tienes la capacidad de cumplir con las responsabilidades que conlleva el papel.
(2) Busque retroalimentación y consejo de personas de confianza o mentores quienes puedan brindarle perspectivas objetivas sobre sus habilidades. Considere sus puntos de vista y tenga en cuenta sus sugerencias antes de comprometerse con un papel.
(3) Enfócate en tus fortalezas e identifica roles que estén en línea con tus habilidades. Al seleccionar posiciones que se encuentren dentro de tus capacidades, podrás destacarte y hacer una contribución significativa.
(4) Desarrolla y mejora tus habilidades para prepararte para roles que puedan requerir experiencia adicional. Toma cursos, asiste a talleres

o busca activamente oportunidades de crecimiento profesional para expandir tus capacidades.

(5) Para destacar en todos tus roles sin descuidar ninguno de ellos, es importante priorizar tus compromisos y evitar asumir demasiadas responsabilidades a la vez. Al administrar eficientemente su carga de trabajo, podrá asignar suficiente tiempo y esfuerzo a cada tarea.

(6) Evalúe de forma continua su desempeño en los roles que ha asumido. Compruebe regularmente si está cumpliendo con las expectativas y obteniendo resultados satisfactorios. Si se encuentra luchando o incapaz de desempeñarse de manera efectiva, considere reevaluar sus compromisos.

(7) Estar abierto a la delegación y la colaboración. Si te das cuenta de que un rol en particular está más allá de tus habilidades o no puedes desempeñarlo al máximo de tu capacidad, considera delegar ciertas tareas o buscar apoyo de otros que estén mejor preparados para esas responsabilidades.

(8) Es importante comunicarse de manera abierta y honesta con las personas involucradas en los roles que has asumido. Si te encuentras en dificultades o necesitas dar un paso atrás, es crucial iniciar una conversación con las partes relevantes, y discutir posibles soluciones o acuerdos alternativos.

(9) Aprende de cualquier intento sin éxito de asumir roles más allá de tus habilidades. Reflexiona sobre la experiencia, identifica las áreas en las que hayas podido haber fallado y utiliza esas enseñanzas para tomar mejores decisiones en el futuro.

(10) Abraza la autoconciencia y la humildad, reconociendo y aceptando tus limitaciones. Es importante reconocer que no todos los roles serán adecuados para ti. Al mantenernos realistas y firmes, podrás asegurarte de enfocar tus esfuerzos en roles donde tengas las mayores probabilidades de tener éxito.

Protegiendo tu guía interior: Una clave para el bienestar y la navegación segura

38. Así como eres cauteloso/a para no pisar un clavo o torcer tu tobillo mientras caminas, es igualmente importante ser consciente de proteger tu guía interior. Siguiendo este principio en cada acción,

mejorarás tu bienestar general y te resguardarás de problemas innecesarios.

De la lección...

Protege tu guía interna y mejora tu bienestar practicando la atención plena en cada acción.

¡A la acción!

(1) Presta atención a tu intuición. Practica sintonizar con tu guía interna y confía en los presentimientos o instintos que surgen en diferentes situaciones.

(2) Reflexiona sobre tus decisiones. Antes de tomar cualquier acción, haz una pausa por un momento y considera si se ajusta a tu guía interna y a tus valores.

(3) Establece límites: Aprende a decir que no a las cosas que no concuerden con tu guía interior y prioriza actividades y relaciones que promuevan tu bienestar.

(4) Practica el autocuidado: Asegúrate de dedicar tiempo a cuidarte física, mental, emocional y espiritualmente. Esto puede implicar participar en actividades como hacer ejercicio, meditar, escribir un diario o sumergirte en la naturaleza.

(5) Rodéate de influencias positivas: Evalúa a las personas y entornos con los que interactúas regularmente y esfuérzate por rodearte de individuos que te animen e inspiren.

(6) Haz un punto de buscar la soledad: dedica tiempo regularmente para ti mismo/a, para reflexionar, recargar energías y conectar con tu guía interior. Puedes lograr esto a través de actividades como dar paseos en solitario, practicar meditación en silencio o crear un espacio tranquilo designado en casa.

(7) Confía en tu propio juicio: Ten confianza en tu habilidad para tomar decisiones acertadas basadas en tu guía interna, incluso si estas difieren de las opiniones o expectativas de los demás.

(8) Practica la atención plena: Cultiva la conciencia del momento presente y presta atención consciente a tus pensamientos, sentimientos y acciones. Esto puede ayudarte a mantener una conexión con tu guía interior y tomar decisiones que se alineen con tu bienestar.

CAPÍTULO 5 — ROLES Y DEBERES SOCIALES

(9) Aprende de experiencias pasadas: Reflexiona sobre situaciones anteriores en las que hayas seguido o ignorado tu guía interna. Utiliza estas experiencias como valiosas oportunidades de aprendizaje para perfeccionar tu habilidad de confiar y proteger tu guía interna en el futuro.

(10) Si te resulta difícil conectar o proteger tu guía interior, considera buscar apoyo y orientación de un amigo de confianza, mentor o terapeuta que pueda ofrecerte ideas valiosas y apoyo.

Proporcionalidad de las Propiedades: Manteniendo el Equilibrio y Evitando el Exceso

39. Cada persona debería tener posesiones que estén en proporción a su cuerpo, al igual que el tamaño de los pies determina la talla de los zapatos. Seguir este principio asegura que tengas la cantidad correcta de posesiones. Sin embargo, si excedes esta medida, sin duda enfrentarás dificultades y experimentarás una caída metafórica. El mismo concepto se aplica a los zapatos: si tu talla de zapato es demasiado grande, podrías comenzar con zapatos elegantes, pero eventualmente pasar a unos extravagantes, sin fin a la vista una vez que superes el tamaño apropiado.

De la lección...

Asegúrate de que tus pertenencias sean adecuadas para tu tamaño corporal; de lo contrario, enfrentarás las consecuencias de una indulgencia excesiva.

¡A la acción!

(1) Evalúa la proporción entre el tamaño de tu cuerpo y tus posesiones. Realiza un inventario de tus pertenencias y evalúa si se ajustan a tus necesidades y estilo de vida, considerando aspectos como el espacio, la funcionalidad y la practicidad.

(2) Identifique cualquier posesión que exceda la proporción adecuada. Busque elementos que no tengan ningún propósito práctico o que solo se utilicen ocasionalmente. Considere reducir el tamaño o deshacerse de estos objetos que representan un exceso y ocupan un espacio valioso y recursos.

(3) Al realizar nuevas compras, prioriza la funcionalidad y la practicidad por encima de la extravagancia y el exceso. Asegúrate de

que cualquier nuevo artículo que adquieras cumpla con un propósito y se alinee con tus necesidades en lugar de dejarte llevar por lujos innecesarios o símbolos de estatus.

(4) Para mantener una colección equilibrada y proporcional, es importante deshacerte regularmente de tus posesiones. Programa sesiones de despeje a lo largo del año para evaluar periódicamente tus pertenencias y eliminar cualquier artículo innecesario.

(5) Practica un consumo consciente y evita la acumulación excesiva. En lugar de buscar constantemente adquirir más posesiones, concéntrate en invertir en artículos de calidad que realmente mejoren tu vida y se alineen con tus necesidades en la proporción adecuada.

(6) Cuando se trata de posesiones, considera opciones sostenibles. Busca productos y materiales ecológicos que tengan un menor impacto en el medio ambiente. Elige artículos duraderos que durarán más, reduciendo así la necesidad de reemplazos o actualizaciones frecuentes.

(7) Recuerda que tus posesiones no definen tu valía o éxito. Evita caer en la trampa de adquirir más y más en un intento por encontrar felicidad o validación. En cambio, concéntrate en experiencias, relaciones y crecimiento personal como las verdaderas fuentes de plenitud.

(8) Comparte y reutiliza tus posesiones siempre que sea posible. En lugar de acumular objetos que ya no necesitas, considera donarlos o venderlos a otras personas que puedan beneficiarse de ellos. Busca oportunidades para reutilizar o reciclar materiales con el fin de minimizar el desperdicio y contribuir a un estilo de vida más sostenible.

(9) Educa tu mente sobre el minimalismo y el vivir intencional, sumergiéndote en recursos y guías. Descubre cómo prosperar con menos posesiones, dando prioridad a la calidad sobre la cantidad. Encuentra inspiración en individuos que han abrazado de corazón el estilo de vida minimalista y adapta sus principios a tus propias pertenencias.

(10) Reflexiona regularmente sobre el impacto que tus posesiones tienen en tu vida. Tómate unos momentos para evaluar si tus pertenencias realmente te brindan alegría, satisfacción y comodidad,

o si se están convirtiendo en una carga y obstaculizando tu bienestar general. Ajusta en consecuencia para mantener una relación saludable y proporcional con tus posesiones.

CAPÍTULO 6

— FORTALEZA MENTAL Y ACCIONES ADECUADAS

En este capítulo, Epicteto ofrece consejos perspicaces sobre cómo tomar las decisiones correctas en nuestra vida. Advierte contra actuar con base en deseos impulsivos, enfatiza la importancia del equilibrio y brinda orientación sobre nuestra conducta en relación a la sexualidad, evitando también los excesos. Según Epicteto, es crucial que actuemos con intención y moderación, asegurándonos de que nuestros valores fundamentales se alineen con el flujo natural de las cosas. Al hacerlo, podemos experimentar una verdadera libertad interior.

Potenciando a las mujeres jóvenes: Superando la superficialidad

40. Tan pronto como las chicas cumplen catorce años, a menudo se les llama "señoritas" por los hombres. Como resultado, se dan cuenta de que su valor está en gran medida determinado por sus relaciones con los hombres. En consecuencia, comienzan a darle una importancia significativa a su apariencia, esperando que esta les otorgue validación y reconocimiento. Es crucial que les hagamos comprender que merecen respeto no solo por su apariencia física, sino también por su humildad y autoestima.

CAPÍTULO 6 — FORTALEZA MENTAL Y ACCIONES ADECUADAS

De la lección...

Empodera a las mujeres recordándoles que su valor no se basa únicamente en su apariencia, sino también en su inteligencia, fortaleza y autovaloración.

¡A la acción!

(1) Educa a las jóvenes sobre la importancia de valorarse a sí mismas más allá de su apariencia física. Diseña programas o talleres que prioricen el desarrollo de la autoestima, el autovalor y el cultivo de otras habilidades y talentos que vayan más allá de las meras apariencias.

(2) Fomentar una amplia variedad de modelos a seguir al promover la visibilidad de mujeres exitosas en diferentes campos, enfatizando sus logros, inteligencia y carácter en lugar de enfocarse únicamente en sus atributos físicos.

(3) Fomentar un entorno de apoyo, creando espacios seguros donde las mujeres jóvenes puedan hablar abiertamente sobre sus inseguridades, desafíos y las presiones sociales a las que pueden enfrentarse. Ofrecer servicios de asesoramiento o grupos de apoyo orientados a ayudarles a desarrollar mecanismos de afrontamiento saludables y cultivar una imagen corporal positiva.

(4) Enseñar habilidades de pensamiento crítico: Proporcionar materiales educativos y talleres para ayudar a las jóvenes a desarrollar sus habilidades para cuestionar y desafiar las normas y expectativas sociales que se les imponen. Anímalas a pensar críticamente sobre los mensajes que reciben de los medios de comunicación, la sociedad e incluso de sus propios compañeros.

(5) Promover la autoexpresión y la individualidad anima a las jóvenes a explorar sus intereses y pasatiempos más allá de los roles tradicionales de género. Proporcionar oportunidades para que participen en actividades que les permitan expresar sus identidades únicas y fortalezas.

(6) Involucrar a los hombres en la conversación: Educar a los niños y a los hombres sobre la importancia de respetar a las mujeres por más que solo por su apariencia. Fomentar diálogos abiertos sobre la igualdad de género y desafiar estereotipos y expectativas dañinas.

(7) Proporcionar oportunidades de mentoría a través del establecimiento de programas en los que mujeres exitosas puedan guiar e inspirar a las jóvenes para que persigan sus metas. En estos programas, se enfatizará la importancia del crecimiento personal, los logros y el autorreconocimiento.

(8) Colaborar con escuelas y sistemas educativos: trabajar con escuelas para integrar programas de educación sexual integral que enfaticen las relaciones saludables, el consentimiento y la autoestima. Además, proporcionar capacitación a los maestros sobre cómo abordar estereotipos de género dañinos y promover un trato igualitario entre los estudiantes.

(9) Sea un defensor de la alfabetización mediática, alentando a los medios a retratar a las mujeres de maneras diversas y "empoderadoras". Esto significa promover imágenes corporales realistas y resaltar tus logros, en lugar de solo enfocarte en cómo te ves. Además, es fundamental apoyar iniciativas que desafíen la cosificación y fomenten la representación positiva de las mujeres.

(10) Fomentar la participación de la comunidad: promover oportunidades para que las jóvenes mujeres se involucren en servicios comunitarios, defensa de causas y roles de liderazgo. Esto ayudará a construir su confianza, les permitirá tener un impacto tangible y reforzará la idea de que su valía va más allá de su apariencia física.

Equilibrio entre el bienestar físico y mental

41. Es un signo de falta de talento enfocarse excesivamente en uno mismo físicamente, como involucrarse en entrenamientos excesivos, comer en exceso, beber en exceso o pasar demasiado tiempo en el baño. Estas actividades solo deberían desempeñar un papel secundario en tu vida, mientras que tu prioridad principal debería ser el desarrollo de tu mente e intelecto.

De la lección...

Haz del desarrollo de tu mente e intelecto tu enfoque principal, en lugar de ser consumido por actividades físicas excesivas o hábitos poco saludables.

CAPÍTULO 6 — FORTALEZA MENTAL Y ACCIONES ADECUADAS

¡A la acción!

(1) Haz del ejercicio mental una prioridad al dedicarle tiempo diario a actividades como leer, resolver acertijos o participar en conversaciones desafiantes. Estas actividades te ayudarán a desarrollar tu mente e intelecto.

(2) Crea una rutina de ejercicios bien equilibrada: en lugar de excederte con entrenamientos excesivos, esfuérzate por seguir un régimen de ejercicio moderado y constante que incluya tanto ejercicios cardiovasculares como de fuerza.

(3) Practica la alimentación consciente: evita comer en exceso manteniendo conciencia del tamaño de las porciones y prestando atención a las señales de hambre y saciedad de tu cuerpo. Has de nutrir tu cuerpo con alimentos saludables, tu principal enfoque.

(4) Limite el consumo de alcohol: practique la moderación cuando se trate de tomar alcohol, elija disfrutar en ocasiones sociales o eventos extraordinarios en lugar de participar en el consumo excesivo de manera regular.

(5) Organice su tiempo de manera eficiente: minimice el tiempo innecesario que pasa en el baño al asegurar evacuaciones regulares mediante una dieta equilibrada, una hidratación adecuada y el mantenimiento de un estilo de vida saludable.

(6) Para mejorar el crecimiento personal, haz de la inversión de tiempo en el desarrollo personal una prioridad. Esto se puede lograr a través de participar en actividades como leer libros de autoayuda, asistir a talleres o seminarios, o adquirir nuevas habilidades.

(7) Cultiva hábitos saludables incorporando prácticas de conciencia plena (mindfulness), como la meditación o el acto de llevar un diario, para mejorar la autoconciencia y mantener un enfoque equilibrado en la vida.

(8) Para buscar estimulación intelectual, participa en actividades como unirte a clubes de lectura, asistir a conferencias o participar en discusiones en grupo. Estas actividades te ayudarán a ampliar tus conocimientos y mejorar tus habilidades de pensamiento crítico.

(9) Participa en una autorreflexión regular para asegurarte de que tus acciones estén alineadas con tus valores, metas y aspiraciones, promoviendo así el crecimiento personal y el desarrollo intelectual.

(10) Equilibra el bienestar físico y mental, reconociendo que tanto la salud física como el crecimiento mental e intelectual son igualmente importantes. Este enfoque holístico para la mejora personal asegura que prestes igual atención a ambas facetas de tu bienestar.

Navegando interacciones negativas: Comprendiendo las perspectivas de los demás

42. Cuando alguien te maltrata o dice cosas negativas sobre ti, recuerda que lo hacen porque creen que es su deber. Desde su perspectiva, no pueden alinearse con lo que tú crees que está bien, sino con lo que ellos creen que está bien. Esto significa que, si tienen una comprensión distorsionada de las cosas, en realidad se están engañando a sí mismos. Así que cuando alguien te insulte, intenta ser comprensivo. Recuerda que simplemente ven las cosas de manera diferente.

De la lección...

No permitas que las palabras negativas y el maltrato de los demás determinen tu valía o socaven tu comprensión. Ten en cuenta que su perspectiva es inherentemente limitada y defectuosa. Por lo tanto, esfuérzate constantemente por mantener la compasión y permanecer auténtico/a contigo mismo/a.

¡A la acción!

(1) Practica la empatía: en lugar de reaccionar con ira o resentimiento cuando alguien te maltrata o insulta, intenta ponerte en su lugar y comprender su perspectiva. Recuerda que pueden estar actuando según sus propias creencias y valores.

(2) Evita tomarlo de forma personal. En lugar de interiorizar comentarios negativos o maltrato, recuérdate a ti mismo/a que se trata más de la percepción y las creencias de la otra persona, y no de un reflejo de tu valía o habilidades.

(3) Enfócate en la autorreflexión: Utiliza estas experiencias como una oportunidad de crecimiento personal y mejora propia. Considera si hay alguna validez en las críticas o comentarios negativos y concéntrate en las áreas en las que puedas necesitar desarrollarte.

(4) Fomenta la confianza en ti mismo recordándote tu propio valor y tus valores. Es importante desarrollar un gran sentido de seguridad

en ti mismo para que los comentarios negativos o el maltrato de otros no afecten negativamente tu autoestima.

(5) Elige tus batallas sabiamente: no todos los insultos o comentarios negativos requieren una respuesta o reacción. Aprende a discernir cuándo es necesario abordar el problema y cuándo es mejor simplemente dejarlo pasar.

(6) Busca apoyo: Rodéate de una red de amigos, familiares o mentores que te brinden apoyo, aliento y te ayuden a enfrentar situaciones difíciles. Comparte tus experiencias con ellos y solicita consejos sobre cómo manejar de manera positiva dichas situaciones.

(7) Practica el perdón: entiende que las personas pueden cometer errores y actuar desde sus propias debilidades. Haz un esfuerzo por perdonar y dejar atrás cualquier resentimiento o rencor que puedas tener hacia aquellos que te maltratan o insultan.

(8) Educar y comunicar: Si es apropiado, participa en una conversación tranquila y respetuosa para ayudar a la otra persona a entender tu perspectiva y cuestionar sus creencias distorsionadas. Este enfoque potencialmente puede llevar a una mejor comprensión y resolución de cualquier conflicto.

(9) Establecer límites: Si el maltrato o los insultos se vuelven recurrentes o abusivos, es vital establecer límites claros y priorizar tu bienestar. Determina lo que no estás dispuesto a tolerar y comunica con confianza estos límites a la otra persona.

(10) Practica el autocuidado: Participa en actividades que promuevan tu bienestar emocional y mental. Esto puede incluir hacer ejercicio, practicar la atención plena o la meditación, perseguir tus hobbies o buscar ayuda profesional si es necesario. Cuidar de ti mismo te permitirá desarrollar resiliencia y enfrentar de manera efectiva cualquier experiencia negativa.

Enfrentando conflictos con compasión: Cómo manejar situaciones difíciles en la familia

43. Cada situación puede abordarse de dos formas: una que es útil y otra que no lo es. Cuando tu hermano te trata mal, es importante no enfocarse únicamente en el acto incorrecto en sí, ya que no es la forma más efectiva de manejar la situación. En cambio, trata de

considerar el hecho de que él es tu hermano, alguien con quien creciste. Al adoptar este enfoque, estarás tratando el asunto de la manera en que debería ser abordado.

De la lección...

Enfócate en los aspectos positivos de tu relación y maneja los conflictos con tu hermano de manera considerada y comprensiva.

¡A la acción!

(1) Reconoce que cada situación puede ser abordada de dos maneras: una forma útil y una manera no útil.

(2) Cuando te enfrentes al maltrato por parte de tu hermano, es mejor evitar concentrarte únicamente en la mala conducta en sí misma.

(3) Ten en cuenta la relación y la historia que tienes con tu hermano, reconociendo el hecho de que ambos han crecido juntos.

(4) Acércate a la situación con la intención de manejarla correctamente.

(5) Cambia tu mentalidad y concéntrate en encontrar una solución o resolución en lugar de quedarte pensando en los aspectos negativos del maltrato.

(6) Para mantener una relación saludable con tu hermano, es crucial tener una comunicación abierta. Esto te permitirá obtener una visión de su perspectiva y resolver de manera efectiva cualquier malentendido que pueda surgir.

(7) Practica la empatía e intenta ver la situación desde la perspectiva de tu hermano, considerando cualquier posible motivo subyacente de sus acciones.

(8) La clave está en buscar puntos en común y trabajar activamente para reconstruir una relación positiva con tu hermano.

(9) Participa en conversaciones constructivas o en mediación para resolver cualquier conflicto o problema que surja entre tú y tu hermano.

(10) Si el maltrato continúa o empeora, puede ser valioso considerar buscar ayuda o asesoramiento profesional, como la terapia familiar.

CAPÍTULO 6 — FORTALEZA MENTAL Y ACCIONES ADECUADAS

Comprendiendo las declaraciones: Más allá de las comparaciones superficiales

44. Algunas afirmaciones simplemente no tienen sentido. Por ejemplo, afirmar "Tengo más dinero que tú, así que soy superior" o "Hablo mejor que tú, así que soy mejor que tú". Estas afirmaciones simplemente no son ciertas. Sin embargo, tiene más sentido decir "Tengo más dinero que tú, por lo tanto, mis posesiones son de mayor calidad que las tuyas" o "Hablo mejor que tú, por lo tanto, mi forma de expresarme es más refinada". Pero aquí está el problema: no te defines por tus pertenencias ni por tu manera de hablar. Eres mucho más que eso.

De la lección...

No evalúe su valía comparando posesiones o habilidades, porque usted es más que simplemente lo que tiene y cómo habla.

¡A la acción!

(1) Tómate un momento para reflexionar sobre las afirmaciones que haces sobre ti mismo y los demás. ¿Se centran predominantemente en posesiones materiales o en cualidades superficiales? Intenta redirigir tu atención hacia aspectos más significativos de tu identidad.
(2) Desafía la idea de que tener más dinero o tener mejores habilidades de comunicación automáticamente hace que alguien sea superior. Reconoce y aprecia la diversidad de habilidades, cualidades y fortalezas que poseen las personas.
(3) Enfatiza el valor del crecimiento personal y el desarrollo, y busca activamente oportunidades para mejorar tus habilidades, conocimientos y comprensión. En lugar de compararte con otros, concéntrate en mejorar tú mismo.
(4) Promover la empatía y la comprensión implica abrazar el concepto de que cada individuo es multifacético y no puede ser fácilmente caracterizado únicamente por sus posesiones materiales o habilidades lingüísticas.
(5) Participa en la autorreflexión para identificar y nutrir las cualidades y rasgos que son realmente importantes para ti. Dirige tu atención hacia el desarrollo personal y esfuérzate por convertirte en

la mejor versión de ti mismo, en lugar de compararte constantemente con los demás.

(6) Alentar y apreciar las fortalezas y cualidades únicas en los demás, reconociendo que su valor no se determina únicamente por su riqueza material o habilidades lingüísticas.

(7) Practica una comunicación consciente en lugar de clasificarte o compararte con los demás. Trata de conectar y comprender diferentes perspectivas, fomentando así un diálogo más inclusivo y compasivo.

(8) Participa en actividades y cultiva relaciones que fomenten el crecimiento personal, la empatía y la autenticidad. Rodearte de personas que realmente aprecien y valoren quién eres de verdad, más allá de los indicadores superficiales de éxito, es esencial.

Entendiendo los motivos: La importancia de evitar el juicio

45. Si alguien se apresura en su rutina de baño, no los juzgues como incompetentes en ello; en cambio, reconoce su entusiasmo. Del mismo modo, si a alguien le gusta mucho el vino, no lo etiquete como un mal bebedor, pero reconozca su preferencia por beber. Antes de emitir juicios, es importante considerar los motivos detrás de sus acciones. ¿Cómo puedes determinar si algo es realmente malo sin entender su razonamiento? Manteniendo la mente abierta y considerando diversas perspectivas, puedes evitar dejarte influenciar por meras apariencias y tomar decisiones más informadas.

De la lección...

Antes de emitir cualquier juicio, es importante reconocer los motivos de cada individuo y considerar cuidadosamente múltiples perspectivas.

¡A la acción!

(1) No saques conclusiones precipitadas acerca de las personas, basándote únicamente en sus acciones o comportamientos.

(2) Reconozca que el entusiasmo o el entusiasmo de alguien pueden ser la fuerza impulsora detrás de sus acciones, en lugar de indicar incompetencia o falta de habilidad.

(3) Reconoce y respeta las preferencias y gustos de otras personas, como por ejemplo disfrutar mucho del vino, sin juzgarlas como "malas" por ello.

CAPÍTULO 6 — FORTALEZA MENTAL Y ACCIONES ADECUADAS

(4) Tómate el tiempo para entender los motivos y el razonamiento detrás de las acciones de alguien antes de emitir cualquier juicio.

(5) Para evitar ser influenciado únicamente por las apariencias o por observaciones superficiales, es crucial mantener la mente abierta y estar dispuesto a considerar diversas perspectivas.

(6) Tomar decisiones más informadas al adquirir una comprensión más profunda de las perspectivas y acciones de los demás.

(7) Evita hacer suposiciones sobre las habilidades de alguien o sobre sus habilidades sin comprender completamente sus razones y motivaciones.

(8) Promover la empatía y la comprensión mediante el cultivo de la curiosidad y formulando preguntas para obtener una idea de las acciones y preferencias de los demás.

Encarnando principios filosóficos a través de acciones

46. Nunca te autodenomines filósofo y evita discutir tus creencias filosóficas con no expertos. En su lugar, encarna los principios que consideres importantes a través de tus acciones. Por ejemplo, en una reunión social, no des una charla sobre cómo las personas deberían comer; simplemente come con respeto. Sigue el ejemplo de Sócrates, quien era tan humilde que la gente lo buscaba para conocer a filósofos y trata de evitar llamar la atención. Si surge una conversación sobre filosofía entre no expertos, lo mejor es mantenerse en silencio. Existe el riesgo de expresar ideas de manera impulsiva que no has pensado completamente. Cuando alguien te dice que no sabes nada y no te molesta, tómalo como una señal de que estás en el camino correcto con tus esfuerzos. Al igual que las ovejas no llevan su alimento a los pastores para demostrar cuánto han comido, sino que lo digieren y producen lana y leche, debes abstenerse de presumir tus creencias filosóficas frente a los no expertos. Permíteles en su lugar presenciar los resultados tangibles que resultan de tus principios bien digeridos.

De la lección...

Encarna tus principios filosóficos a través de tus acciones, evita buscar atención, mantente humilde, piensa antes de hablar y deja que tus resultados tangibles hablen por sí mismos.

CAPÍTULO 6 — FORTALEZA MENTAL Y ACCIONES ADECUADAS

¡A la acción!

(1) No te autodenomines filósofo.

(2) Es recomendable evitar participar en discusiones sobre tus creencias filosóficas con personas que no sean expertas en dicho campo.

(3) Vive tus principios a través de tus acciones.

(4) Practica una alimentación respetuosa en las reuniones sociales sin dar discursos a los demás.

(5) Esfuérzate por ser humilde, como Sócrates, y evita llamar la atención.

(6) Es recomendable mantener el silencio al participar en conversaciones sobre filosofía con personas no expertas.

(7) Tenga cuidado al escupir ideas de forma impulsiva, sin pensar.

(8) Tómalo como un signo positivo cuando alguien te dice que no sabes nada.

(9) Evita mostrar tus creencias filosóficas a personas que no sean expertas.

(10) Permite que otros sean testigos de los resultados tangibles que surgen de tus principios bien asimilados.

Abrazando la simplicidad: El poder de la discreción en el autocuidado

47. Una vez que te has adaptado a un estilo de vida sencillo en términos de cuidar tus necesidades corporales, no es necesario presumir de ello. Del mismo modo, si prefieres beber agua en lugar de otras bebidas, no hay necesidad de anunciarlo en cada ocasión. Y si buscas mejorar tu resistencia física, hazlo para ti mismo en lugar de que los demás lo vean. No es necesario presumir abrazando estatuas o haciendo un espectáculo de ti mismo. En su lugar, prueba un ejercicio discreto: cuando realmente tengas sed, toma un sorbo de agua fría y escúpela discretamente sin llamar la atención.

De la lección...

Adopta un estilo de vida sencillo, evita presumir, guarda tus hábitos saludables para ti mismo y esfuérzate por mejorar personalmente sin buscar validación de los demás.

CAPÍTULO 6 — FORTALEZA MENTAL Y ACCIONES ADECUADAS

> **¡A la acción!**
>
> (1) Cuando se trata de cuidar las necesidades de tu cuerpo, intenta adaptarte a un estilo de vida más sencillo.
> (2) No te vanaglories de tu estilo de vida adaptado.
> (3) Escoge beber agua en lugar de otras bebidas.
> (4) Trata de evitar proclamar constantemente tu preferencia por el agua en cada situación.
> (5) Enfócate en mejorar tu resistencia física para satisfacción personal, en lugar de que los demás lo vean.
> (6) No intentes impresionar a los demás abrazando estatuas o llamando innecesariamente la atención sobre ti mismo.
> (7) Participa en ejercicios discretamente.
> (8) Si realmente te sientes sediento, adelante y toma un refrescante sorbo de agua fría.
> (9) Escupe el agua suavemente sin llamar la atención sobre ti mismo/a.

En busca del progreso: asumiendo responsabilidad y liberándose de influencias externas

48. Esto es lo que significa ser una persona común: nunca confiar únicamente en sí misma para nada y, en cambio, buscar ayuda o perjuicio de factores externos. Por otro lado, un filósofo asume total responsabilidad por su propio bienestar o su caída.

Aquí hay algunas señales que indican que alguien está progresando: se abstiene de criticar, elogiar, culpar o encontrar defectos en los demás. No se jacta de sí mismo ni actúa como si lo supiera todo. Cuando se enfrenta a obstáculos, se responsabiliza a sí mismo en lugar de señalar a otros. Si alguien le elogia, simplemente sonríe para sí mismo y si alguien le critica, no siente la necesidad de defenderse. Navega con cautela, como alguien que se recupera de una enfermedad, asegurándose de no interrumpir ningún progreso que haya logrado. Ha renunciado a todos sus deseos y se centra únicamente en evitar acciones que contradigan la naturaleza humana y estén dentro de su control. Se abstiene de tomar decisiones firmes sobre cualquier cosa. Incluso si parece tonto o ignorante, no le importa la opinión de los demás. En esencia, ejerce constantemente precaución en sus propias acciones, tratándose a sí mismo como su peor enemigo.

> **De la lección...**
>
> Toma completa responsabilidad de tu propio bienestar, abstente de depender de factores externos y ejerce cautela en tus acciones para progresar y alcanzar verdadera plenitud.

¡A la acción!

(1) Asuma la completa responsabilidad de su propio bienestar personal o de una posible caída.
(2) Evita depender de factores externos para recibir ayuda o daño. En su lugar, dirige tu atención hacia la autosuficiencia.
(3) Evita criticar, alabar, culpar o encontrar errores en los demás.
(4) Es importante evitar presumir de uno mismo o actuar como si se supiera todo.
(5) Cuando te enfrentes a obstáculos, es importante asumir la responsabilidad en lugar de echar la culpa a otros.
(6) No es necesario sentir la necesidad de defenderte cuando alguien te critica.
(7) Cuando alguien te hace un cumplido, simplemente necesitas sonreír para ti mismo.
(8) Muévete con precaución, como si estuvieras recuperándote de una enfermedad, para evitar interrumpir el progreso.
(9) Libérate de tus deseos y concéntrate en abstenerse de acciones que contradigan la naturaleza humana y caigan bajo tu autoridad.
(10) No te apresures a tomar decisiones difíciles acerca de cualquier cosa.
(11) No te preocupes por las opiniones de los demás, incluso si pareces tonto o ignorante.
(12) Siempre mantente vigilante de tus propias acciones y considérate tu propio mayor adversario.

Encontrando la verdadera comprensión: más allá de la interpretación y hacia la acción

49. Cuando alguien actúa de manera soberbia porque entiende y puede explicar los escritos de Crisipo, me recuerdo a mí mismo: "Si

CAPÍTULO 6 — FORTALEZA MENTAL Y ACCIONES ADECUADAS

Crisipo hubiera escrito de manera clara, esta persona no tendría nada de que presumir".

Pero ¿qué es lo que realmente deseo? Comprender el mundo natural y vivir en armonía con él. Por lo tanto, busco a alguien que pueda aclarármelo y he oído que Crisipo logra precisamente eso. Sin embargo, cuando estudio sus escritos, me resulta difícil entenderlos. En consecuencia, busco a alguien que pueda interpretar a Crisipo por mí. Hasta este punto, no hay razón para enorgullecerme. Sin embargo, una vez que encuentro al intérprete, lo que realmente importa es poner en práctica sus enseñanzas. Eso es lo único que vale la pena enorgullecerse. Si solo admiro el acto de interpretación, entonces me he convertido en un gramático en lugar de un filósofo. La única diferencia es que interpreto a Crisipo en lugar de a Homero. En lugar de sentir un sentido de orgullo, cuando alguien me pide que explique a Crisipo, me siento avergonzado si no puedo demostrar acciones que estén en consonancia con sus palabras.

De la lección...

Busca comprensión y sabiduría de aquellos que puedan interpretarte y guiarte para vivir en armonía con el mundo natural.

¡A la acción!

(1) Esforzarse por buscar comprensión del mundo natural y vivir de acuerdo con él.
(2) Busca a alguien que pueda explicar de manera habilidosa las enseñanzas de Crisipo.
(3) Busca un intérprete que pueda ayudar a aclarar los escritos de Crisipo.
(4) Pon en práctica las enseñanzas del intérprete en tu propia vida.
(5) En lugar de simplemente admirar el acto de interpretación, es más beneficioso dirigir nuestra atención hacia la aplicación práctica de las enseñanzas de Crisipo.
(6) El objetivo es demostrar acciones que sean consistentes con las enseñanzas de Crisipo cuando se les cuestiona sobre ellas.
(7) No te sientas avergonzado/a si no puedes explicar a Chrysippus; en cambio, concéntrate en demostrar cómo se aplican sus enseñanzas a través de tus acciones.

CAPÍTULO 6 — FORTALEZA MENTAL Y ACCIONES ADECUADAS

Aceptando principios innegociables y desatendiendo las opiniones de los demás

50. Mantente fiel a tus principios como si fueran reglas inquebrantables, honrando el hecho de que ir en contra de ellos sería irrespetuoso. Sin embargo, no te preocupes por las opiniones de los demás, ya que al final, no tienes control sobre ellas.

De la lección...

Aférrate firmemente a tus principios y no tomes en cuenta las opiniones de los demás, ya que sus pensamientos están fuera de tu control.

¡A la acción!

(1) Identifica tus principios: Dedica tiempo a reflexionar sobre tus valores y creencias fundamentales que guían tus acciones.

(2) Priorice sus principios: determine qué principios son más importantes para usted y alinéelos con sus metas y aspiraciones.

(3) Define tus reglas inquebrantables: Establece claramente límites y normas no negociables que se basen en tus principios.

(4) Mantente comprometido: Recuerda regularmente tus principios y haz un esfuerzo consciente para adherirte a ellos en tu vida diaria.

(5) Sé consciente de ti mismo: reflexiona sobre tus acciones y decisiones para asegurarte de que estén en línea con tus principios, y realiza los ajustes necesarios, si es necesario.

(6) Acepta el disenso respetuoso. Si bien es esencial mantener tus principios, mantente abierto a escuchar perspectivas diversas y participar en discusiones respetuosas.

(7) Enfócate en la validación personal: en lugar de buscar validación y aprobación de los demás, confía en la validez de tus principios y valores.

(8) Practica la resiliencia: Acepta que no todos estarán de acuerdo o comprenderán tus principios, y desarrolla la resiliencia para mantenernos fieles a ellos a pesar de las opiniones externas.

(9) Comunica tus principios compartiéndolos con los demás cuando sea apropiado. Explícales por qué estos principios son importantes para ti y cómo influyen en tus acciones.

(10) Lidera con el ejemplo: Demuestra a través de tus acciones y comportamientos cómo tus principios impactan positivamente no solo en tu propia vida, sino también en las vidas de aquellos que te rodean.

Reclama tu valía y logra progreso: Abraza el auto mejoramiento y vive con propósito

51. ¿Cuánto tiempo seguirás esperando antes de creer en tu propia valía para experimentar las mejores cosas de la vida, sin cruzar ningún límite establecido por la razón? Ya has adquirido los principios de la filosofía y los has aceptado. Entonces, ¿por qué aún esperas a que alguien más te enseñe antes de embarcarte en tu propio crecimiento personal? Ya no eres un niño, sino un adulto. Si sigues siendo perezoso y posponiendo las cosas, siempre poniendo excusas y retrasando el auto mejoramiento, no progresarás. En cambio, simplemente navegarás por la vida sin lograr nada significativo. Por lo tanto, toma una decisión ahora, antes de que sea demasiado tarde, de vivir como un individuo maduro que constantemente busca el progreso. Que todo lo que creas, que es lo mejor para ti, se convierta en un principio rector, al cual no hagas concesiones. Y cuando encuentres algo difícil, placentero, popular o impopular, recuerda que este es el momento de demostrarte a ti mismo. Es como los Juegos Olímpicos, y no puedes posponerlo más. El resultado de un solo día y una sola acción determinará si progresas o no. Mira cómo Sócrates se convirtió en la persona que era al depender siempre de la razón ante los desafíos. Incluso si aún no has alcanzado el nivel de Sócrates, aún debes vivir como alguien que aspira a ser como él.

De la lección...

Cree en tu propia valía, fomenta el crecimiento personal, lucha por el progreso y confía en la razón para lograr un éxito significativo en la vida.

¡A la acción!

(1) Cree en tu propio valor y en las mejores cosas de la vida, y establece límites para ti mismo basado en la razón.
(2) Toma responsabilidad de tu crecimiento personal y comienza a trabajar en él sin esperar a que alguien más te guíe.

(3) Para evitar la pereza y la procrastinación, es importante buscar de forma activa la mejora personal y abstenerse de poner excusas.
(4) Toma la decisión consciente de vivir tu vida como un individuo maduro que siempre busca el progreso.
(5) Haz que aquello que creas que es lo mejor para ti, se convierta en un principio rector al cual nunca vayas en contra.
(6) Acepta y desafíate a ti mismo en situaciones difíciles, pero gratificantes, sin importar si son populares o impopulares, para demostrar tus capacidades.
(7) Enfrenta cada día y cada acción como una oportunidad para avanzar y desarrollarte personalmente.
(8) Toma inspiración de figuras como Sócrates, quienes se basaron en la razón en cada situación que encontraron.
(9) Siempre aspira a mejorar y esfuérzate por alcanzar niveles más altos de sabiduría y conocimiento, al igual que Sócrates.

Vivir de acuerdo con principios filosóficos

52. El primer y más crucial aspecto de la filosofía gira en torno a la aplicación de principios en nuestra vida. Por ejemplo, uno de estos principios es nunca decir mentiras. La segunda parte implica comprender las razones subyacentes de estos principios. Entonces, ¿por qué se considera incorrecto mentir? La tercera parte nos ayuda a discernir entre diferentes ideas y establecer pruebas. Nos preguntamos cosas como: "¿Cómo determinamos la verdad? ¿Qué constituye un argumento lógico? ¿Qué define lo correcto y lo incorrecto?" La tercera parte es necesaria debido a la segunda, y la segunda es necesaria debido a la primera. Sin embargo, aquí está el problema: tendemos a dar demasiada prioridad a la tercera parte y pasamos por alto la importancia de la primera. Invertimos todo nuestro tiempo en debates y discusiones, sin vivir realmente de acuerdo con los principios que afirmamos tener. Por eso, a menudo recurrimos a la mentira, pero somos rápidos en inventar argumentos para justificar por qué mentir es inaceptable.

CAPÍTULO 6 — FORTALEZA MENTAL Y ACCIONES ADECUADAS

> **De la lección...**
>
> Aplica los principios a tu vida, comprende su importancia y vive de acuerdo con ellos en lugar de enredarte en debates y justificaciones interminables.

> **¡A la acción!**

(1) Aplicar principios a nuestras vidas: Tómate el tiempo para reflexionar sobre los principios en los que creemos y aplicarlos activamente en nuestra vida diaria. Esto podría incluir hacer un esfuerzo consciente para nunca decir mentiras.

(2) Comprender las razones detrás de los principios: Invierte tiempo en comprender las razones subyacentes y las justificaciones de los principios en los que afirmamos creer. Esto puede implicar investigar y reflexionar sobre por qué mentir se considera incorrecto.

(3) Para establecer un marco que permita distinguir entre las ideas, es importante desarrollar un enfoque sistemático para evaluar diferentes ideas y argumentos. Esto puede implicar hacer preguntas críticas como "¿Cómo sabemos que esto es cierto?", y "¿Qué se considera un argumento lógico?".

(4) Esforzarse por alcanzar una coherencia lógica implica buscar alinear nuestras creencias y acciones de manera consistente. Esto puede requerir cuestionarnos si nuestras acciones están realmente en sintonía con los principios en los que afirmamos creer.

(5) Prioriza vivir según tus principios: Dedica suficiente tiempo y energía a vivir de acuerdo con tus principios, en lugar de participar únicamente en debates y discusiones. Evita descuidar la aplicación práctica de tus creencias en favor de discusiones intelectuales.

(6) Actúa con integridad: Cumple con nuestros principios y realiza un esfuerzo consciente para ser veraz tanto en nuestras acciones como en nuestras palabras. Evita buscar excusas o utilizar argumentos para justificar comportamientos que contradigan nuestros valores, como mentir.

(7) Autorreflexión regular: Es importante dedicar tiempo de forma regular a reflexionar sobre nuestras acciones y evaluar si están alineadas con los principios a los que afirmamos adherirnos. Esta práctica puede ayudarnos a identificar áreas en las que es necesario mejorar, lo cual, a su vez, promueve el crecimiento personal.

(8) Fomentar la autoconciencia: Cultivar un fuerte sentido de autoconciencia para reconocer cuando nos estamos desviando de nuestros principios o participando en comportamientos que contradicen nuestras creencias. Esta práctica puede garantizar eficazmente la coherencia entre nuestras creencias y nuestras acciones.

(9) Fomenta un diálogo abierto al participar en conversaciones y discusiones significativas que promuevan la comprensión y la reflexión, en lugar de centrarse únicamente en argumentos y debates. Anima también a los demás a vivir de acuerdo con sus creencias y principios.

(10) Practica la empatía y comprensión: esfuérzate por comprender diferentes perspectivas y puntos de vista, incluso durante debates o discusiones. Esto puede contribuir a fomentar un enfoque más compasivo al implementar principios en nuestras vidas.

El poder de la conexión espiritual y la resiliencia

53. En cada situación, debemos tener en cuenta los siguientes pensamientos:

"Guíame, oh poder superior, y las fuerzas que moldean mi destino, hacia el camino que fue trazado para mí hace mucho tiempo. Permaneceré comprometido y firme, incluso si mi determinación flaquea."

"Si alguien acepta y abraza lo inevitable, lo consideramos sabio y profundamente conectado al ámbito espiritual."

"Bueno, mi querido amigo Crito, si los dioses lo consideran favorable, así sea."

"Anytus y Meletus pueden tener el poder de quitarme la vida, pero no pueden dañar la esencia de mi ser."

De la lección...

Mantente comprometido y firme, abrazando lo inevitable y confiando en una guía superior, ya que las circunstancias externas pueden cambiar, pero la esencia de tu ser permanece inalterada.

¡A la acción!

(1) Mantén un fuerte sentido de compromiso y firmeza, incluso cuando te encuentres con una determinación vacilante.

(2) Acepta y abraza lo inevitable, demostrando sabiduría y conexión espiritual.

(3) Busca la orientación de un poder superior y las fuerzas que dan forma a tu destino.

(4) Manténgase conectado con su verdadera esencia, independientemente de las circunstancias o amenazas externas.

(5) Si los dioses favorecen un resultado en particular, acéptalo de manera voluntaria.

(6) Mantente fiel a tu camino y a tu destino, el cual fue establecido hace mucho tiempo.

ÍNDICE

abiertamente, 68
abogar, 16, 42
abrazar, 74
abstenerse, 26, 54, 55, 76, 79, 83
acción, 10, 42, 60, 61, 62, 82, 83
acciones, 1, 2, 3, 13, 16, 20, 22, 24, 28, 30, 31, 35, 36, 38, 42, 43, 46, 47, 48, 58, 60, 62, 70, 73, 75, 76, 77, 78, 79, 80, 81, 82, 84, 85
acciones necesarias, 28
aceptación, 14, 19, 25, 31
aceptar, 7, 14, 18, 26, 42, 49, 50, 51, 60
aclarar, 80
actitud intelectual, 32
actitud positiva, 17, 18
actividades, 14, 16, 31, 37, 42, 44, 53, 55, 62, 68, 69, 70, 72, 75
actividades lícitas, 55
actor, 27
actos de bondad, 42
actuar, 10, 15, 59, 67, 72, 79
acusar, 50
adaptabilidad, 19
adivinación, 51, 52
admiración, 32, 39
adversidad, 15, 17
afecto, 5
afirmaciones, 59, 74
afirmar, 74
agitado, 6
agricultores, 50
agua, 9, 10, 78

ajustes, 81
alabar, 79
alcanzar, 2, 3, 4, 5, 7, 9, 11, 17, 23, 38, 46, 56, 57, 60, 79, 83, 84
alegría, 5, 14, 31, 36, 56, 64
alfabetización mediática, 69
alguien, 7, 16, 18, 24, 26, 27, 29, 30, 32, 33, 35, 36, 37, 39, 40, 43, 45, 47, 50, 53, 54, 55, 57, 59, 71, 73, 74, 75, 76, 78, 79, 80, 82, 85
alinear, 84
alojamiento temporal, 18, 19
alternativas, 14, 16, 39, 40
alto estatus social, 29
amabilidad, 13, 25, 42
ambiente, 9, 60, 64
ambiente armonioso, 60
ambiente positivo, 9
amenazas, 86
ampliar, 22, 70
analizar, 4, 30
anfitrión, 39, 59, 60
angustia, 26, 41
apariencia, 67, 68, 69
apariencias externas, 29
apegos, 14, 18
aplicación práctica, 80, 84
aplicar, 13, 26
apoyo, 9, 14, 15, 27, 31, 42, 52, 57, 58, 63, 72
apreciar, 8, 19, 32, 75
aprovechar, 26, 52
argumento lógico, 83, 84

ÍNDICE

argumentos, 83, 84, 85
armas, 37
arrepentido, 56
arrepentimiento, 56, 57
arte, 32, 43
asignar, 8, 61
asistencia, 38
aspectos de tu vida, 15, 28
aspectos positivos, 28, 73
aspiraciones, 2, 3, 70, 81
aspirar, 46
atado, 10
atención, 9, 10, 14, 21, 31, 39, 43, 59, 62, 70, 71, 72, 74, 76, 78, 79, 80
atención plena, 14, 43, 62, 72
aterrador, 7
atrapado, 9, 10, 14
autenticidad, 9, 22, 75
auténtico, 36, 71
autocompasión, 41, 44
autoconciencia, 22, 30, 36, 43, 61, 70, 85
autocontrol, 16, 17, 57
autocuidado, 14, 16, 62, 72
autodisciplina, 57
autoestima, 30, 44, 67, 68, 69, 72
autorreflexión, 15, 44, 58, 70, 71, 74
autosuficiencia, 79
avergonzado, 36, 43, 80
avergonzado/a, 43, 80
aversiones, 13, 50, 51
baño, 69, 70
baños lujosos, 37
barco, 9, 10
batallas, 72
beber agua, 77, 78
beneficioso, 4, 28, 37, 80
bienes materiales, 38
bienestar, 1, 16, 20, 28, 29, 43, 44, 62, 65, 71, 72, 78, 79
bienestar emocional, 72
bienestar físico, 1, 16, 28, 71
bienestar mental, 43, 44
brazos, 45
breve, 27
brújula moral, 15, 16, 38, 49

bueno, 8, 23, 46, 50, 51
burlarse, 32
buscar, 8, 22, 30, 31, 35, 36, 38, 51, 57, 61, 62, 63, 64, 70, 72, 73, 76, 77, 78, 80, 81, 83, 84
buscar apoyo, 30, 31, 61, 63
buscar ayuda, 72, 73, 78
buscar orientación, 51
búsqueda de paz interior, 20
caballo, 8
cada situación, 28, 73, 78, 83, 85
cambio de perspectiva, 19, 49
camino, 3, 6, 8, 9, 10, 11, 18, 24, 25, 38, 39, 40, 43, 45, 46, 47, 85, 86
caos, 6, 43, 44
capacidades, 35, 60, 61, 83
capitán, 9, 10
carácter, 15, 27, 52, 54, 68
carga de trabajo, 61
cauteloso, 56, 61
celos, 29
César, 46
chismes, 54
circunstancias, 2, 3, 4, 8, 19, 20, 21, 28, 40, 53, 85, 86
circunstancias desafiantes, 28
circunstancias desfavorables, 40
circunstancias externas, 2, 3, 20, 21, 53, 85
ciudadano leal, 37
ciudadanos leales, 38
claro, 41, 52, 54, 57
clima, 45
clubes de lectura, 70
coherencia lógica, 84
colaboración, 61
comerciantes, 50
comida, 52, 53, 54, 59, 60
comido, 76
comparando, 74
compartir, 9, 16, 42
compasión, 41, 42, 71
competencia, 29
competir, 45, 46
comportamiento, 8, 20, 39, 42, 45, 47, 48, 53, 54, 55, 56, 58
comportamiento impulsivo, 45

ÍNDICE

comportamientos, 24, 42, 47, 75, 82, 84, 85
compras, 63
comprender, 1, 67, 71, 75, 76, 83, 84, 85
comprensión, 4, 8, 16, 22, 32, 36, 41, 42, 47, 48, 71, 72, 74, 76, 80, 85
comprensión distorsionada, 71
comprometido, 11, 45, 81, 85
compromiso, 33, 46, 60
comunicación, 73, 74, 75
comunicación abierta, 73
comunicación consciente, 75
comunicar, 72
comunidad, 14, 16, 43, 69
comunidades, 58
concepto, 21, 31, 35, 63, 74
conclusión, 10, 18
condición, 15, 16, 32
condición humana, 32
conectado, 11, 85, 86
conectar, 62, 63, 75
conexión espiritual, 86
conexión social, 59, 60
conexiones sociales, 47, 48
confianza, 30, 43, 44, 51, 52, 57, 58, 62, 63, 69, 71, 72
conflicto, 72, 73
conflictos, 73
conocimiento, 7, 83
consciente, 31, 59, 60, 61, 62, 70, 81, 83, 84
consecuencias, 38, 51, 52, 56, 57, 58, 63
consejeros, 31, 51, 52
consejeros sabios, 51
consejo, 38, 39, 51, 52, 60
consentimiento, 69
consideración, 45
considerado, 50
considerar, 2, 6, 22, 36, 38, 40, 44, 46, 56, 59, 73, 75, 76
consumir, 1, 45
consumo consciente, 64
consumo de alcohol, 70
contemplar, 15, 19, 45
contentamiento, 14, 57

contexto social, 59, 60
contratiempos, 15, 21, 45, 46
contribución, 60
contribuciones individuales, 38
control, 1, 2, 3, 4, 5, 8, 14, 23, 24, 27, 29, 30, 37, 39, 40, 44, 49, 50, 51, 81
control sobre el resultado, 29
controlable, 4, 5
conversación, 52, 54, 61, 68, 72, 76
conversaciones, 6, 22, 32, 42, 53, 54, 55, 70, 73, 77, 85
conversaciones constructivas, 73
conversaciones desafiantes, 70
cónyuge, 5, 18, 24, 25
correcto, 32, 33, 58, 59
cosas negativas, 71
cosas que no podemos controlar, 1, 29
crear conciencia, 42
crear un plan, 57
crecimiento mental e intelectual, 71
crecimiento personal, 3, 7, 8, 9, 14, 15, 21, 22, 37, 38, 44, 53, 54, 64, 69, 70, 71, 74, 75, 82, 84
crecimiento profesional, 61
creencias, 7, 22, 28, 32, 33, 36, 49, 50, 58, 59, 71, 72, 76, 77, 81, 84, 85
creencias filosóficas, 76, 77
creencias personales, 28
creer en, 17, 82
crítica, 33, 46
criticar, 78, 79
críticas, 9, 44, 58, 71, 84
crucial, 2, 4, 6, 10, 14, 16, 18, 21, 30, 42, 46, 54, 55, 59, 60, 61, 67, 73, 76, 83
cualidades, 37, 38, 42, 46, 74, 75
cualidades personales, 38
cualidades superficiales, 74
cuando alguien te dice, 77
cuerpos, 1, 15, 17
cuidar, 16, 19, 59, 77, 78
culpa, 2, 7, 8, 19, 37, 50, 79
culpar, 3, 7, 8, 50, 78, 79
cultivar, 6, 16, 18, 19, 20, 21, 28, 31, 36, 68

ÍNDICE

cultivar gratitud, 19
curiosidad, 76
cursos, 60
Dador, 18
daño, 2, 3, 30, 42, 47, 48, 50, 79
dar importancia, 29
dar un paso atrás, 61
de apoyo, 15, 16, 44, 68
de manera impulsiva, 76
debates, 22, 83, 84, 85
deber, 10, 47, 51, 52, 71
decencia, 13
decepción, 13, 23, 24, 31, 39, 40, 56, 57
decepcionado, 56
decisión, 27, 45, 51, 58, 82, 83
decisiones, 1, 22, 24, 25, 55, 58, 61, 62, 67, 76, 81
defectos, 24, 78
defenderse, 54, 78
dejar ir, 31
delegación, 61
demostrar, 76, 80, 83
demostrar acciones, 80
dentro de su control, 78
desafío, 7, 18
desafíos, 6, 8, 9, 13, 14, 16, 17, 25, 30, 44, 45, 46, 68, 82
desafíos emocionales, 44
desagradable, 53, 55
desapego, 19, 21
desaprobación, 54
desarrollar, 16, 17, 18, 32, 44, 68, 70, 71, 72, 84
desarrollar resiliencia, 44, 72
desarrollo, 21, 22, 44, 55, 68, 69, 70, 74
desarrollo personal, 21, 44, 55, 70, 74
descuidar, 61, 84
descuido, 19
deseos, 1, 2, 3, 4, 5, 13, 14, 23, 24, 31, 47, 50, 51, 67, 78, 79
deseos excesivos, 31
deseos impulsivos, 67
desordenado, 53
desorientado, 21
despejar, 28

desprecio, 45
destino, 32, 33, 41, 85, 86
destino de la humanidad, 41
determinación, 9, 15, 85
devoción, 49, 50
devuelto, 18
diálogo abierto, 85
diálogo interno positivo, 30
dieta estricta, 45, 46
diferencia, 37, 43, 80
dificultades personales, 41
dilema, 59
dinero, 1, 19, 25, 37, 74
Diógenes, 25, 26
dioses, 49, 50, 51, 52, 85, 86
disciplinado, 45
discusiones, 70, 77, 81, 83, 84, 85
discusiones en grupo, 70
disfrutar, 11, 56, 57, 70, 75
disponible, 11
distracción, 56
distracciones, 10, 58
diversidad, 74
dolor, 50
dominar, 43
dramaturgo, 27
dulces, 45
edificios extravagantes, 37
educación, 42, 69
educación sexual, 69
ejecutivo, 27
ejemplos, 26, 38
ejercicio discreto, 77
ejercicio mental, 70
ejercicios cardiovasculares, 70
elecciones, 1, 2, 16, 53, 58
elegir, 28, 46
elogiado, 29
elogio, 29
emociones, 23, 30, 31, 32, 43, 44
emociones negativas, 44
empatía, 16, 27, 30, 41, 42, 43, 71, 73, 74, 75, 76, 85
empleados, 19, 20
emprender, 6
en el camino correcto, 76
encarnar, 25, 35
enemigos, 2, 3, 50

energía, 1, 4, 14, 19, 31, 84
enfermedad, 5, 15, 16, 78, 79
enfocado, 7, 10, 14, 57
enfoque, 6, 8, 9, 19, 21, 24, 25, 29, 31, 36, 59, 69, 70, 71, 72, 73, 84, 85
enfoque equilibrado, 31, 70
enfrentar, 2, 4, 7, 8, 10, 14, 16, 17, 18, 19, 24, 32, 43, 44, 46, 51, 52, 72
enseñanzas, 13, 26, 61, 80
entrenador, 45, 46
entrenamientos, 69, 70
entrenar consistentemente, 45
envidia, 29, 39, 40
equilibrio, 22, 38, 59, 60, 67
errores, 8, 22, 44, 72, 79
esclavo, 23, 40
escribir un diario, 62
escuelas, 69
esencia, 5, 15, 78, 85, 86
esfuerzo, 2, 3, 17, 31, 39, 40, 53, 60, 61, 72, 81, 84
esfuerzos, 2, 9, 24, 60, 61, 76
espacios seguros, 68
espectáculo, 53, 77
espectáculos públicos, 53, 55
establecido hace mucho tiempo, 86
estado, 2, 29, 38
estatus social, 1, 3, 29, 45
estilo de vida sencillo, 77
estimulación intelectual, 70
Eteocles, 50
etiquetar, 50
evaluar, 35, 40, 46, 60, 64, 84
eventos, 11, 15, 23, 26, 36, 37, 55, 70
eventos elegantes, 36, 37
evitar, 4, 5, 6, 8, 9, 23, 24, 26, 35, 41, 50, 54, 55, 60, 61, 73, 75, 76, 77, 78, 79, 83
evitar el juicio, 26
examen, 45
examinar, 5, 23, 47, 48
excelencia, 27
existencia, 42, 49
éxito, 2, 13, 17, 38, 40, 46, 57, 60, 61, 64, 75, 82

éxito financiero, 38
éxito material, 2, 38
éxitos, 9, 18, 22, 59
expandir, 61
expectativas, 14, 20, 24, 61, 62, 68
experiencia, 16, 31, 57, 60, 61, 72
experiencia humana, 31
experiencias, 16, 22, 26, 30, 32, 56, 59, 63, 64, 71, 72
experiencias negativas, 30
experiencias pasadas, 56, 59, 63
expertos, 9, 76
explicar, 79, 80
exploración, 13
expresar ideas, 76
externamente, 46
extravagancia, 63
fácilmente caracterizado, 74
factores externos, 1, 3, 7, 37, 46, 50, 78, 79
falleció, 18
falta de habilidad, 75
familia, 10, 47, 50
familiaridad, 43
favorable, 28, 85
fe, 19, 58
felicidad, 2, 3, 20, 29, 32, 35, 64
fidelidad, 37, 38
fiestas, 53, 54, 55
figuras históricas, 25
filosofía, 1, 25, 32, 45, 53, 54, 76, 77, 82, 83
filosofía estoica, 1
filósofo, 32, 36, 45, 47, 51, 76, 77, 78, 80
finanzas, 25
firme, 32, 33, 52, 85
firmeza, 85
flujo natural, 19, 67
fomentar, 42, 85
forma, 16, 17, 20, 24, 25, 26, 27, 29, 35, 36, 39, 49, 52, 61, 71, 72, 73, 74, 77, 83, 84, 86
fortaleza, 44, 68
fortaleza emocional, 44
fortalezas, 30, 36, 60, 68, 74, 75
fracaso, 22
fracasos, 59

ÍNDICE

fuerza, 18, 45, 57, 70, 75
fuerzas, 85, 86
funcionalidad, 63
futuro, 42, 61, 63
generaciones futuras, 43
gracia, 19, 25, 26, 44
gramático, 80
gran plan, 19
granja, 18
gratificación retrasada, 57
gratitud, 14, 25, 26, 31
gritar, 53, 55
grupos de apoyo, 44, 68
guía, 14, 51, 61, 62, 63, 85
guía interior, 61, 62, 63
habilidad, 16, 27, 28, 44, 62, 63
habilidades, 9, 16, 17, 18, 47, 60, 61, 68, 70, 71, 74, 75, 76
habilidades físicas, 16
habilidades lingüísticas, 74, 75
hábitos alimenticios, 45, 46
hablar, 45, 52, 54, 57, 68, 74, 76
hablar mal, 52
hablar sabiamente, 54
hacer juramentos, 53, 54
hambre, 20, 59
herrero, 37
hombres, 67, 68
honor, 36, 37
humildad, 8, 21, 61, 67
humilde, 21, 76, 77
ideas, 22, 38, 58, 63, 77, 83, 84
identidad, 44, 74
identificar, 74, 84
ignorado, 40, 41, 55, 63
ignorante, 7, 8, 21, 78, 79
imagen corporal, 68
impacto, 3, 4, 13, 16, 17, 22, 30, 31, 44, 59, 60, 64, 69
impacto personal, 4
impacto positivo, 13, 16
imparable, 29
imperfecciones, 24
impermanencia, 19, 31, 32
importancia, 1, 3, 13, 20, 29, 35, 37, 40, 43, 49, 67, 68, 69, 83, 84
importante, 1, 2, 3, 6, 10, 11, 16, 17, 21, 23, 25, 26, 29, 30, 33, 35, 36, 38, 39, 40, 41, 42, 44, 46, 47, 48, 49, 53, 54, 55, 57, 59, 60, 61, 64, 71, 72, 75, 79, 83, 84
incertidumbre, 14
inclusividad, 42
inclusivo, 16, 75
inconvenientes, 20
indiferente, 51
individualidad, 24, 68
individuo común, 27
individuo maduro, 82, 83
individuos, 62, 64
indulgencia, 56, 63
infelicidad, 4, 5
influencia, 1, 2, 25, 26
influenciado, 18, 76
influencias externas, 3, 4, 16, 17, 18, 30, 31, 43
influencias externas negativas, 4
influencias negativas, 54
influencias positivas, 15, 44, 62
injusticia, 42, 43
insatisfacción, 31, 40
inseguridades, 30, 68
inspiración, 15, 32, 38, 64, 83
inspirar, 16, 69
instintos, 62
insultos, 30, 43, 44, 72
integridad, 7, 9, 26, 37, 38, 84
intelecto, 69, 70
inteligencia, 49, 68
interpretación, 26, 30, 80
interpretar, 29, 80
intérprete, 80
interrupciones, 6, 7
intuición, 62
ir más allá, 40
ira, 19, 71
irrelevante, 52
irritado, 30
Juegos Olímpicos, 82
juicio, 7, 26, 52, 58, 62, 75, 76
juicios, 7, 44, 54, 58, 75
juramentos, 54
justicia, 42, 49, 59
justificaciones, 84
lágrimas, 26

ÍNDICE

lana, 76
lealtad, 37, 38, 51, 52
leche, 76
lecturas públicas, 53
lenguaje, 54, 56
lenguaje vulgar, 54, 56
lesiones, 45, 46
libertad, 3, 19, 23, 29, 45, 47
libertad personal, 29
libros de autoayuda, 44, 70
limitaciones, 3, 9, 60, 61
límites, 43, 57, 62, 72, 81, 82
límites claros, 72
limpieza, 53, 55
literatura, 32
llamados a la acción, 11
llamar la atención, 76, 77, 78
lo correcto y lo incorrecto, 83
lograr, 2, 4, 6, 29, 37, 42, 43, 46, 47, 49, 56, 59, 62, 70, 82
logros, 8, 9, 22, 30, 36, 53, 55, 68, 69
los accidentes ocurren, 41
luchador, 45
luchando, 16, 61
madurez emocional, 54
mala conducta, 73
maldad, 42, 43
malo, 36, 46, 51, 75
maltrata, 47, 71
maltrato, 42, 71, 72, 73
manejar, 6, 13, 17, 31, 54, 72
mantener, 6, 7, 9, 13, 15, 16, 17, 18, 20, 21, 22, 26, 30, 31, 32, 37, 38, 44, 46, 47, 48, 49, 52, 54, 55, 59, 60, 62, 64, 65, 70, 71, 73, 76, 77, 81
mantener la compostura, 44
marco, 84
marcos de tiempo, 56
marineros, 50
matrimonio, 53, 55
mayor, 11, 19, 20, 49, 57, 74, 79
mayor satisfacción, 57
mecanismos de afrontamiento, 30, 68
mediación, 73
medios de comunicación, 68

meditación, 14, 32, 44, 62, 70, 72
mejor, 14, 20, 27, 47, 48, 50, 52, 53, 54, 55, 56, 58, 59, 61, 72, 73, 74, 75, 76, 82, 83
mejorar, 9, 16, 17, 22, 23, 28, 30, 44, 47, 59, 70, 74, 77, 78, 83, 84
mendigo, 27
mentalidad, 1, 3, 9, 13, 14, 15, 18, 19, 20, 25, 28, 35, 41, 47, 48, 49, 51, 53, 57, 58, 73
mentalidad positiva, 15, 18, 20
mente, 2, 10, 11, 14, 16, 20, 21, 22, 26, 28, 36, 43, 44, 51, 64, 69, 70, 75, 76
mente abierta, 22, 26, 51, 75, 76
mente tranquila, 20, 21
mentiras, 83, 84
mentor, 14, 46, 63
mentores, 9, 22, 38, 60, 72
mesa de cena, 59
metas, 3, 11, 17, 21, 22, 24, 46, 57, 69, 70, 81
minimalismo, 64
modelos a seguir, 38, 68
moderación, 52, 67, 70
molesto, 43
momento, 2, 5, 6, 7, 8, 9, 14, 15, 16, 17, 19, 27, 28, 30, 31, 40, 43, 45, 46, 47, 52, 56, 57, 62, 74, 82
momento para reflexionar, 5, 7, 15, 16, 17, 28, 40, 43, 47, 56, 57, 74
momento presente, 14, 19, 31, 62
mortalidad, 24, 32
mostrar, 13, 49, 50, 53, 54, 77
mostrar desaprobación del lenguaje vulgar, 54
motivaciones, 76
motivos, 22, 75, 76
movilidad, 15
muerte, 4, 5, 7, 31, 32
multifacético, 74
mundo natural, 80
muslos, 45
nadar, 6
naturaleza, 4, 5, 19, 27, 40, 62, 78, 79
naturaleza externa, 4

ÍNDICE

navegar, 13, 14, 19, 31, 38
necesidades físicas, 59
negativas, 6, 39
negatividad, 44
negativo, 36
negligencia, 20, 50
niños, 25, 68
no expertos, 76
no lograr, 2
noches sin dormir, 45, 47
nuevas experiencias, 14, 25, 26
nuevas habilidades, 70
nutrir, 47, 74
obedecer, 50
objetivo, 6, 7, 10, 32, 45, 49, 59, 80
objetos, 5, 63, 64
obligaciones, 10, 47, 49
observaciones, 76
observaciones superficiales, 76
obstaculizar, 3, 15, 19, 52
obstáculos, 6, 7, 17, 18, 78, 79
ofensivo, 55
opciones sostenibles, 64
opiniones, 7, 21, 22, 37, 44, 62, 79, 81
oponentes, 45
oportunidad, 8, 14, 22, 59, 71, 83
oportunidades, 9, 15, 21, 25, 26, 57, 61, 63, 64, 68, 69, 74
organizaciones, 43
orgullo, 80
orientación, 31, 38, 52, 63, 67, 86
otros, 3, 7, 16, 22, 25, 30, 32, 33, 36, 37, 40, 47, 51, 52, 53, 55, 59, 61, 72, 74, 77, 78, 79
oveja, 10
paciencia, 16, 17, 18, 25
padre, 47, 48
país, 37, 38, 51, 52
palabras, 16, 17, 18, 23, 26, 27, 43, 71, 80, 84
palabras negativas, 71
panorama general, 10
papel, 8, 13, 27, 36, 37, 60, 69
papel asignado, 27
pareja amorosa, 10

participar, 3, 16, 29, 31, 37, 40, 42, 44, 54, 55, 62, 70, 77, 81, 84, 85
participar en conversaciones significativas, 54
pasos, 17, 18, 45, 46
pastores, 76
pausa, 62
paz, 1, 13, 14, 19, 20, 21, 43, 45, 47
paz interior, 1, 14, 19, 20, 43
paz mental, 20
peligro, 10
peligros, 51, 52
pensado, 7, 76
pensamiento crítico, 43, 68, 70
pensamientos, 1, 22, 23, 30, 31, 32, 36, 43, 44, 62, 81, 85
pequeñas cosas, 10, 11
pequeños desafíos, 20
percibir, 28, 49
pérdida, 6, 18, 19, 41
pérdidas, 18, 19, 21
perdido, 18, 19, 26, 50
perdón, 44, 72
pereza, 83
perezoso, 82
permiso, 47, 48
perseguir la filosofía, 32
persona discapacitada, 27
persona libre, 29
persona mayor, 10
personas afines, 22
personas de confianza, 58, 60
personas tóxicas, 44
perspectiva, 6, 14, 16, 30, 32, 50, 71, 72, 73
perspectivas, 21, 22, 32, 58, 60, 75, 76, 81, 85
perspectivas filosóficas, 32
pertenencias, 1, 26, 40, 63, 64, 74
perturba, 30
perturbar, 20, 60
piedad, 50
piscina, 6
placer, 50, 56, 57
placer efímero, 57
planes, 6, 14
pobreza, 4, 5

ÍNDICE

poder, 1, 2, 5, 15, 18, 19, 23, 24, 25, 26, 29, 31, 49, 50, 51, 52, 55, 85, 86
poder superior, 19, 49, 85, 86
poderoso, 37, 38, 53, 55
Polinices, 50
porción más grande, 59, 60
poseer, 8, 20, 23, 24
posesiones, 18, 19, 20, 28, 53, 54, 55, 63, 64, 74
posesiones materiales, 20, 28, 53, 55, 74
posible caída, 79
posición, 1, 42, 45, 55
posiciones prestigiosas, 37
positividad, 29, 42
potencial, 6, 26, 43, 55, 60
práctica diaria, 31
precaución, 56, 79
precauciones, 58
precio, 20, 39
preferencia, 78
preferencias, 1, 75, 76
preocupado, 20
preparación, 35
preparado, 10, 32, 45, 46, 55
presagios, 51
presencia del mal, 41
presión, 4, 5
presumir, 54, 76, 77, 79, 80
principios, 6, 13, 15, 16, 17, 22, 32, 33, 38, 47, 58, 64, 76, 77, 81, 82, 83, 84, 85
principios bien digeridos, 76
principios filosóficos, 76
principios morales, 16, 47, 58
priorizar, 10, 21, 38, 49, 54, 58, 59, 61, 72
problemas, 7, 8, 30, 39, 40, 62
proceso de sanación, 18
profesionales, 25, 31, 42
programas, 68, 69
progresar, 19, 21, 79
progreso, 3, 20, 22, 52, 58, 78, 79, 82, 83
promover, 42, 43, 68, 69
propiedad, 3
proporción, 63, 64
proporción adecuada, 63, 64
propósito, 5, 13, 16, 35, 36, 37, 63, 64
prosperidad, 38
proteger, 28, 61, 63
prueba, 17, 52, 77
pureza, 53, 54, 55
pureza en las relaciones, 54, 55
rasgos, 74
razón, 51, 52, 80, 82, 83
razonamiento, 51, 75, 76
razones, 26, 76, 83, 84
reacciones, 20, 47
realidad del mal, 41
realización, 2, 38
realizar, 28, 44, 63
recaudador de impuestos, 45
rechazado, 55
rechazo, 26
recompensas, 39, 40, 45
reconocer, 1, 3, 8, 18, 26, 30, 31, 36, 40, 41, 42, 43, 49, 61, 75, 85
reconocimiento, 8, 9, 22, 38, 39, 40, 67
reconocimiento externo, 22, 38
red, 22, 72
redefinir, 23, 24
redirigir, 74
reducir el tamaño, 63
reevaluar, 58, 61
reflexionar, 28, 36, 44, 56, 58, 62, 81, 84
regalos, 18, 19
registro, 22
reír, 54
reír en exceso, 54
relación, 32, 47, 48, 49, 59, 60, 65, 67, 73
relación positiva, 73
relaciones, 19, 28, 47, 53, 62, 64, 67, 69, 75
relaciones saludables, 69
rencor, 72
reputación, 1, 45
resentimiento, 19, 40, 50, 71, 72
resiliencia, 15, 18, 19, 30, 43, 44, 81
resiliente, 22

resistencia, 9, 14, 15, 16, 17, 18, 57, 77, 78
resistencia física, 77, 78
resistir la tentación, 56, 57
resolución, 72, 73
respeto, 25, 37, 38, 42, 46, 49, 50, 54, 55, 59, 60, 67, 76
respetuoso, 37, 38, 81
respiración profunda, 43
respirar, 30
responder, 2, 4, 10
responsabilidad, 7, 24, 27, 36, 57, 78, 79, 82
responsabilidades, 10, 11, 13, 19, 20, 37, 47, 48, 49, 60, 61
respuestas, 21, 23, 48, 51, 52
respuestas emocionales, 23
resultado, 28, 51, 52, 53, 55, 67, 82, 86
resultados negativos, 57
resultados satisfactorios, 61
resultados tangibles, 76, 77
retroalimentación, 58, 60
reunión social, 76
reuniones sociales, 77
riesgo, 76
riesgos, 45, 51, 52, 58
riqueza, 2, 3, 38, 75
risa excesiva, 54
roles de liderazgo, 69
rutina de baño, 75
sabiduría, 8, 13, 36, 80, 83, 86
sabiduría estoica, 13
sabio, 25, 85
sacrificio, 40
sacrificios, 20, 39, 46, 47
salud, 16, 28, 71
salud física, 28, 71
satisfacción, 8, 14, 19, 31, 35, 36, 56, 57, 58, 64, 78
satisfacción a largo plazo, 57, 58
satisfacer, 60
satisfecho, 59
sediento, 78
seminarios, 70
senador, 29
señales de hambre, 70
sentado, 59

sentido, 13, 19, 26, 30, 36, 39, 44, 52, 56, 59, 71, 74, 80, 85
sentido de compromiso, 85
sentido de merecimiento, 26
sentido de responsabilidad, 19
ser querido, 41
serenidad, 20
seres queridos, 6, 18, 24, 28, 30, 50, 57
servicios de asesoramiento, 68
sexualidad, 67
significado, 15, 16, 36
significados, 59
significativo, 2, 3, 8, 10, 82
silencio, 52, 54, 62, 76, 77
sistemas educativos, 69
situación, 2, 6, 10, 14, 15, 16, 17, 21, 26, 27, 30, 40, 51, 53, 54, 59, 72, 73
situaciones, 9, 13, 16, 28, 29, 31, 39, 40, 44, 52, 54, 62, 63, 72, 83
situaciones difíciles, 9, 72, 83
Sócrates, 7, 53, 76, 77, 82, 83
soledad, 45, 62
solución, 51, 73
solución lógica, 51
sorbo de agua fría, 77, 78
sufrimiento, 18
sugerencias, 60
sumiso, 47
superior, 74, 85
superiores, 47, 48
suposiciones, 26, 76
talento, 69
talentos, 9, 45, 46, 68
talleres, 60, 68, 70
tamaño, 63, 70
tarea, 6, 7, 17, 21, 35, 44, 46, 61
tareas, 10, 16, 17, 18, 35, 39, 61
taza favorita, 5
técnicas, 32, 43
tener éxito, 17, 61
tensión, 60
tentación, 3, 9, 56, 57
terapeuta, 14, 63
terapeutas, 31
terapia, 44, 73
testigos, 77

tiempo, 3, 15, 17, 22, 25, 30, 32, 36, 40, 44, 49, 52, 53, 56, 58, 60, 61, 62, 69, 70, 76, 81, 82, 83, 84, 85
toma de decisiones, 22
tomar decisiones, 4, 5, 52, 57, 62, 75, 78, 79
tomar decisiones firmes, 78
tonto, 21, 78, 79
trabajo, 8, 25, 43, 45
trabajo duro, 45
traer, 16
tragedia, 5, 41
tragedias, 6, 41
tranquilidad, 14, 19, 20, 21, 45, 47
trato preferencial, 39, 40
trayectoria, 6
tristeza, 7
únicamente, 3, 21, 35, 38, 68, 72, 73, 74, 75, 76, 78, 84, 85
único, 37, 80
vacilación, 10
validación, 8, 22, 35, 36, 37, 44, 64, 67, 77, 81
validación externa, 8, 36, 37, 44
validez, 71, 81
valor, 5, 30, 44, 55, 67, 68, 71, 74, 75, 82
valor sentimental, 5
valores, 6, 7, 8, 15, 16, 21, 22, 28, 35, 36, 38, 40, 43, 49, 58, 62, 67, 70, 71, 81, 84
valores fundamentales, 6, 7, 67

valores morales, 15
valores personales, 15, 28, 38
vecinos, 47, 48
ventajoso, 28
veraz, 84
verdad, 36, 75, 83
verdadera felicidad, 29
verdadera libertad, 1, 2, 3, 24, 67
verdadera naturaleza, 5, 24
verdaderamente, 3, 8, 19, 30, 36
vergüenza, 37
versión, 75
viaje, 9, 10, 19, 26
viajeros, 18, 19
vicio, 23, 24
víctimas, 42
victoria, 56, 57
vida, 8, 9, 10, 13, 14, 15, 16, 17, 18, 19, 21, 24, 25, 26, 28, 29, 31, 32, 35, 36, 39, 41, 47, 57, 63, 64, 67, 69, 70, 78, 80, 81, 82, 83, 84, 85
vida virtuosa, 13
vidas, 1, 13, 49, 82, 84, 85
vidas modernas, 13
vigilante, 79
vivir, 13, 15, 16, 19, 25, 31, 36, 47, 64, 80, 82, 83, 84, 85
vivir en armonía, 16, 80
yoga, 14
zapatero, 37
zapatos, 37, 63

www.ingramcontent.com/pod-product-compliance
Lightning Source LLC
LaVergne TN
LVHW020423080526
838202LV00055B/5007